La bolsa a tu alcance

La bolsa a tu alcance

Maximiza la rentabilidad de tus inversiones
reduciendo su riesgo

JUAN GRANELL HEREDERO

G2000

Gestión 2000 es un sello editorial de Centro de Libros PAPF, SLU.
Av. Diagonal, 662-664
08034 Barcelona
www.planetadelibros.com

Primera edición: octubre de 2025
Depósito legal: B. 15.445-2025
ISBN: 978-84-9875-601-2
Composición: Realización Planeta
Impresión y encuadernación: QP PRINT
Printed in Spain - Impreso en España

PEFC Certificado
Este libro procede de bosques gestionados de forma sostenible
PEFC
PEFC/14-38-00305
www.pefc.es

Sumario

Prólogo

A diferencia de mí, Juan Granell es un inversor español, con raíces muy diferentes a las mías. Cuando descubrí por primera vez a Ben Graham y a Warren Buffett, vivía entre las resplandecientes torres de la ciudad de Nueva York. Dicho viaje finalmente me llevó al oeste, a Omaha, a los campos de maíz y cielos amplios del Medio Oeste estadounidense, el corazón del *value investing*. Es un camino que muchos han recorrido.

Con demasiada frecuencia se da por sentado que la sabiduría a la hora de invertir reside sólo en esos lugares: la Omaha de Buffett y los centros financieros de Nueva York y Londres. Pero esto no es cierto.

Juan Granell creció en una familia de Madrid dedicada al sector inmobiliario, cuyas raíces se remontan a los huertos de naranjos del reino de Valencia. Desde esas tierras, ha escrito un libro que abre la puerta al *value investing* para los lectores que no vienen de Wall Street ni de Nebraska, y muestra cómo los principios de la inversión a largo plazo se aplican con la misma fuerza cuando se filtran a través de una perspectiva marcadamente española.

Esto es lo que hace su libro especial. Está escrito en español, para un público español; no es una traducción de voces internacionales como la mía, sino una contribución original cimentada en la cultura española. Y, sin embargo, como los grandes conquistadores españoles, Juan mira hacia fuera, hacia un mundo más amplio. Entiende que saber de dónde vienes es el primer paso para saber adónde vas.

Este libro está arraigado en España, en Madrid y en los huertos de naranjos de Valencia, y al mismo tiempo, introduce al lector español en la escena global de la inversión, con capítulos en los que analiza empresas como Meta Platforms, JD.com y Berkshire Hathaway. Al hacerlo, Granell avanza con el mismo espíritu que una vez guio a Colón, Pizarro, Cortés y muchos otros a descubrir nuevos mundos. Traza el mapa del *value investing* moderno. Desde una perspectiva española, abre ese mundo al público español de una manera auténtica.

Leer este libro merece la pena para cualquier persona, de España o del mundo de habla hispana, que se preocupe por invertir con sabiduría.

GUY SPIER,
inversor y director de Aquamarine
Capital Management, LLC

Introducción

Hace tiempo, mi padre me propuso la idea de escribir un libro sobre la inversión en bolsa. Inicialmente yo era reacio a hacerlo, sobre todo por dos razones: siendo joven, y teniendo todavía toda mi carrera como inversor por delante, consideraba una pérdida de tiempo y esfuerzo escribir este manual; además, pensaba que no hacía falta añadir un título más al ya de por sí extenso catálogo de libros de inversión, especialmente tras la gran contribución de ciertos autores y expertos de los cuales he tenido la suerte de aprender (Benjamin Graham, Philip Fisher, Bruce Greenwald y otros tantos).

Sin embargo, poco a poco fui cambiando de parecer y decidí llevar a cabo este proyecto. ¿Por qué? Aunque estoy seguro de que la bolsa es un gran instrumento de inversión a largo plazo (de hecho, es el mejor) si se sigue una filosofía adecuada, creo que la mayoría de la gente no está aprovechando esta oportunidad, ya sea porque todavía no invierte en bolsa (por miedo u otros motivos) o porque aquellos que sí lo hacen, tanto inversores particulares como profesionales, no tienen un enfoque adecuado que les permita rentabilizar exitosamente su patrimonio o el de sus clientes.

No digo esto desde la soberbia, sino desde la constatación de que Warren Buffett y Charlie Munger (dos de los mejores inversores de la historia y los máximos exponentes del *value investing*, o «inversión en valor») han perfeccionado y enseñado, a lo largo de las últimas décadas, una filosofía de inversión incuestionable (y, no menos importante, aplicable por cualquier persona) y, sin embargo, tan sólo una minoría dentro de la comunidad financiera actúa conforme a dicha filosofía. Mi experiencia laboral, adquirida como analista de inversiones en el *family office* de un importante grupo inmobiliario español (y gestionando mis inversiones bursátiles personales y familiares), me ha permitido apreciar, de primera mano, cómo la industria financiera, de forma generalizada, no da un servicio de asesoramiento financiero y gestión patrimonial adecuado a sus clientes.

Que apenas se siga el ejemplo de los mejores inversores de la historia puede deberse o bien a que la gente no ha entrado en contacto con su filosofía de inversión y, por tanto, o no invierten aún o lo hacen, habitualmente, de una forma equivocada, o bien a que la industria financiera, en gran medida, no ha sabido (o no ha querido) aplicar dicha filosofía debido a varias razones, entre las que destaca el conflicto de intereses que suele surgir entre el inversor que delega la gestión de su patrimonio y el profesional que lo administra.

Mi principal objetivo con este libro consiste en armar al lector con ciertas herramientas que le permitan rentabilizar su patrimonio (o el de sus clientes) de una forma exitosa y prudente a lo largo de los años. Para ello explicaré y ejemplificaré tanto una estrategia de inversión pasiva, altamente recomendable para la inmensa mayoría de las personas (el mismo Warren Buffett la sugiere), como una filosofía de inversión sólida (conocida, aunque no siempre bien entendida, como *value investing*) que le permita mejorar el resultado de sus inversiones, en caso de que decida gestionarlas de forma activa. Por tanto, este libro tendrá un marcado carácter práctico, más que teórico; no persigue ni la profundidad teórica ni ser un estudio exhaustivo de técnicas de valoración de compañías, campos ya cubiertos por otros autores.

La bolsa es una herramienta especialmente importante para la gente joven (me entristece que, hasta ahora, no se haya hecho hincapié en esto); un mayor horizonte temporal de inversión genera una gran ventaja gracias a la fuerza del interés compuesto, al diferimiento del pago de impuestos sobre plusvalías latentes y al hecho de que es menos arriesgado invertir en bolsa a largo plazo que a corto plazo.

Me haría especial ilusión que los lectores más jóvenes encuentren en este libro el enfoque necesario para poder rentabilizar su patrimonio a lo largo del tiempo, sobre todo en el contexto actual, caracterizado por una proliferación de instrumentos financieros meramente especulativos, lo cual hace más necesario, si cabe, un libro que proponga una filosofía de inversión rigurosa que pueda adaptarse con eficacia a circunstancias y entornos económicos cambiantes.

1

¿Por qué invertir en bolsa?

Las principales razones por las que, probablemente, decidirás invertir tu dinero son el intento de preservar poder adquisitivo a lo largo del tiempo (protegerte de la inflación), la búsqueda de fuentes de ingresos adicionales a tu trabajo y el afán de incrementar tu patrimonio para alcanzar unos determinados objetivos vitales y financieros.

En cuanto a la inflación, basta con tener en cuenta que se trata de una fuerza macroeconómica demoledora para el poder adquisitivo de una persona. El valor real de 1 dólar de 1929 era de 0,04 dólares en 2024, es decir, 1 dólar de 1929 ha perdido un 96 por ciento de su poder adquisitivo y, por tanto, de su valor. Entre 1929 (al comienzo de la Gran Depresión de Estados Unidos) y 2024 la inflación estadounidense ha sido ligeramente superior al 3 por ciento anual. Ni siquiera las grandes tendencias deflacionarias de las últimas décadas (la globalización y los radicales aumentos de productividad derivados de la innovación y el desarrollo tecnológico) han conseguido neutralizarla ni, por ello mismo, proteger la capacidad de compra del dinero en efectivo.

El proceso inflacionario continuará, principalmente sostenido por la falta de disciplina fiscal de la mayoría de los Estados democráticos desarrollados (y no sólo de éstos). La única forma de protegerte contra esta ineludible realidad económica consiste en rentabilizar tu patrimonio a tasas superiores a la inflación.

Aunque el problema de la pérdida de poder adquisitivo causado por la inflación es real, tampoco tienes que lanzarte precipitadamente a por cualquier inversión en busca de protección. Al fin y al cabo, suponiendo que los bancos centrales consigan mantener la tasa anual de inflación en torno a su objetivo del 2 por ciento, sólo llegarías a experimentar una pérdida relevante de poder adquisitivo tras un período de tiempo más o menos extenso. El riesgo de mantener efectivo con tasas de inflación moderadas es menor que el de cometer errores por culpa de invertir de forma precipitada y poco rigurosa.

Otro motivo por el que quizá hayas decidido invertir puede ser la búsqueda de ingresos adicionales a tu salario profesional. ¿Qué impide que, tras finalizar una larga jornada laboral, tu dinero siga trabajando mientras descansas y disfrutas de tu tiempo libre? Un patrimonio bien invertido se irá convirtiendo progresivamente en un complemento cada vez más importante de tu principal fuente de ingresos (a través de los dividendos cobrados y de la apreciación del capital). Además de buscar una segunda vía de ingresos, debes pensar en el futuro e invertir para crear un colchón financiero que, el día de mañana, pueda cubrir posibles imprevistos, permitirte cumplir determinados objetivos financieros y vitales (sean cuales sean) y proveer rentas en la jubilación (se atribuye a Warren Buffett, considerado por muchos el mejor inversor de la historia, la siguiente cita: «Si no encuentras una manera de ganar dinero mientras duermes, trabajarás hasta que mueras»).

Una vez que hayas decidido empezar a invertir, te surgirá la siguiente duda: ¿Qué parte de mi dinero destino a la inversión? La respuesta teórica es fácil, y su aplicación práctica tampoco tiene ningún misterio. Sólo debes invertir dinero ocioso, es decir, ahorros que no necesites en tu vida cotidiana. La decisión de cómo, y de cuánto, invertir depende de tus circunstancias particulares: si dispones de 300.000 euros para comprar un apartamento el año que viene, no invertirás ese dinero en bolsa, pero quizá sí que lo hagas en letras del tesoro a tres o seis meses; sin embargo, si eres joven y tienes un horizonte temporal de inversión largo, la alternativa más interesante de la cual dispones para rentabilizar tus ahorros es la bolsa.

De todas maneras, al invertir en bolsa, no debes perder de vista esta primera regla: invierte sólo dinero ocioso, que no necesites en tu vida diaria; dinero cuya pérdida, en caso de acontecer, no comprometa tu situación vital. Incumplir esto puede derivar en comportamientos muy peligrosos... Si inviertes ahorros que necesitas para vivir, probablemente actúes bajo una fuerte presión emocional y cometas errores que evitarías actuando racionalmente (por ejemplo, vendiendo tus acciones cuando cunda el pánico en el mercado bursátil); el famoso inversor Peter Lynch decía que «la clave para ganar dinero en bolsa está en no tener miedo a tus propias acciones».[1]

Tienes que tener claro que en la bolsa puede suceder cualquier cosa a corto plazo; los mercados financieros pueden experimentar una gran volatilidad (por ejemplo, el principal índice bursátil estadounidense, el S&P 500,[2] cayó un 31 por ciento entre finales de febrero y marzo de 2020 debido a la propagación del COVID-19 y al miedo a las repercusiones económicas derivadas de los confinamientos anunciados en distintos países) o, incluso, llegar a cerrar de forma temporal (como en el caso de la bolsa estadounidense tras el atentado terrorista del 11 de septiembre de 2001). Por el contrario, a largo plazo, la bolsa ha sido uno de los instrumentos más eficaces a la hora de rentabilizar un patrimonio, como puedes ver a continuación.

1. Peter Lynch, *Batiendo a Wall Street*, Deusto, Barcelona, 2017.

2. El S&P 500 es el principal índice bursátil de Estados Unidos (y del mundo). Un índice bursátil es una cesta de acciones; por ejemplo, el S&P 500 aglutina las quinientas mayores empresas cotizadas de Estados Unidos.

1.1. La bolsa es el vehículo más atractivo de inversión a largo plazo

Has decidido invertir tus ahorros, bien, pero ¿cómo hacerlo?, ¿cuál es el mejor vehículo para que consigas sacarles partido?

Parece lógico, en primer lugar, comparar la rentabilidad histórica generada por las principales clases de activos de inversión para, después, concluir cuál es la opción más atractiva para ti. Para ello utilizaré rentabilidades históricas de activos estadounidenses, debido a que Estados Unidos es la principal economía del mundo y a que hay más información disponible (y es más fácil de obtener) que de otros países:

Tabla 1.1. Rentabilidad anual acumulativa de distintas clases de activos de inversión estadounidenses (1929-2024)

	Rentabilidad nominal	**Rentabilidad real (tras inflación)**
Bolsa	9,8 %	6,6 %
Bonos soberanos (vencimiento a 10 años)	4,5 %	1,3 %
Inmobiliario residencial	4,3 %	1,1 %
Oro	5,2 %	2 %
Dinero en efectivo	0,0 %	–3,3 %

Fuente: Elaboración propia a partir de Aswath Damodaran.[3]

Es difícil intuir la fuerza del interés compuesto y las diferencias que distintas tasas de rentabilidad provocan en los resultados absolutos de una inversión al cabo de un período temporal suficientemente extenso; el valor real (tras deducir el impacto de la inflación) actual de 1 dólar invertido en 1929 en cada clase de activo analizado sería el siguiente:

3. Aswath Damodaran, «Historical returns on stocks, bonds and bills: 1928-2024», blog personal, enero de 2025, <https://pages.stern.nyu.edu/~adamodar/New_Home_Page/datafile/histretSP.html>.

Tabla 1.2. Valor real en 2024 de 1 dólar invertido en 1929 en distintas clases de activos de inversión estadounidenses

	1929	2024
Bolsa	1 $	425 $
Bonos soberanos (vencimiento a 10 años)	1 $	3 $
Inmobiliario residencial	1 $	3 $
Oro	1 $	6 $
Dinero en efectivo	1 $	0,04 $

Fuente: Elaboración propia a partir de Aswath Damodaran.[4]

Se suele atribuir a Albert Einstein la siguiente cita: «El interés compuesto es la fuerza más poderosa del universo». Partiendo de un capital modesto se puede llegar a construir un patrimonio muy grande o bien sosteniendo tasas de rentabilidad moderadas durante un período temporal suficientemente largo (como se deduce del ejemplo de la tabla precedente) o bien generando altas tasas de rentabilidad durante un menor plazo. Pondré otro ejemplo sobre la fuerza del interés compuesto: ¿Preferirías que te diera 10 millones de euros ahora mismo, o 1 céntimo que se duplica cada día, durante 30 días? Por el momento, mantendré el suspense, al final del capítulo podrás ver qué alternativa es mejor.

En períodos largos de tiempo, la bolsa estadounidense ha generado una rentabilidad anual (incluyendo dividendos) de, aproximadamente, un 10 por ciento (7 por ciento en términos reales), es decir, una tasa superior a la de cualquier otra clase de activo no apalancado (o sea, sin utilizar deuda para potenciar la rentabilidad generada).

¿Por qué ha generado rentabilidades anuales del 10 por ciento, en términos nominales, la bolsa de Estados Unidos? ¿Se puede esperar que la bolsa siga una tendencia similar en el futuro?

4. Ibídem.

Tabla 1.3. Rentabilidad anual acumulativa histórica de la bolsa de Estados Unidos (1929-2024)

	Rentabilidad nominal	Rentabilidad real
10 años (2014-2024)	13,0 %	9,7 %
20 años (2004-2024)	10,3 %	7,5 %
30 años (1994-2024)	10,8 %	8,1 %
40 años (1984-2024)	11,7 %	8,7 %
50 años (1974-2024)	12,3 %	8,3 %
75 años (1949-2024)	11,5 %	7,8 %
95 años (1929-2024)	9,8 %	6,6 %

Fuente: Elaboración propia a partir de Aswath Damodaran.[5]

Con el paso del tiempo, la rentabilidad de un índice bursátil converge con el incremento de valor de las empresas que cotizan en él. La evolución de este valor está íntimamente ligada a la capacidad de generar beneficios de dichas compañías y, por tanto, a la rentabilidad que producen sobre el capital empleado en sus operaciones. A largo plazo, la evolución de la bolsa será igual a la tasa de rentabilidad que generen sobre su capital las empresas que la integran, si damos por sentada la ausencia de distribuciones de dividendos y cambios de valoración (evidentemente, la realidad es más compleja: la mayoría de las empresas pagan dividendos y, a veces, cotizan por encima y por debajo de su valor intrínseco).

Históricamente, el S&P 500 ha generado una rentabilidad sobre recursos propios (o patrimonio neto contable)[6] de entre un 10 y un 15 por ciento y ha repartido cerca de un 50 por cien-

5. Ibídem.

6. Rentabilidad sobre recursos propios (*return on equity*, o ROE, por sus siglas en inglés): es una de las principales medidas de rentabilidad de una empresa. Se calcula dividiendo el beneficio neto de una empresa entre el valor contable de sus recursos propios (los recursos propios, o patrimonio neto contable, se obtienen restando al valor contable de los activos de una empresa sus deudas y obligaciones de pago).

to de sus beneficios como dividendos (que han generado para sus inversores una rentabilidad media de entre el 2 y el 4 por ciento, dependiendo del período que se tome). A partir de estos datos se puede entender por qué la bolsa estadounidense ha registrado rendimientos anuales de cerca del 10 por ciento: de forma simplificada, y suponiendo ratios de valoración constantes, un ROE del 15 por ciento, multiplicado por cerca de un 50 por ciento de tasa de reinversión de beneficios, más un 3 por ciento de rentabilidad por dividendo, da como resultado un 10 por ciento.

Por tanto, en la medida en que las empresas estadounidenses mantengan sus niveles de rentabilidad y tasas de reinversión, la bolsa de Estados Unidos seguirá generando rendimientos similares a los registrados en el pasado (bajo una hipótesis de valoración constante y condicionado a la rentabilidad por dividendo que obtengan sus accionistas a lo largo del tiempo; cabe destacar que, actualmente, la valoración del S&P 500 es exigente en comparación con estándares históricos, y que su rentabilidad por dividendo es inferior a su media histórica).

Gráfico 1.1. Rentabilidad sobre recursos propios del S&P 500 (1994-2024)

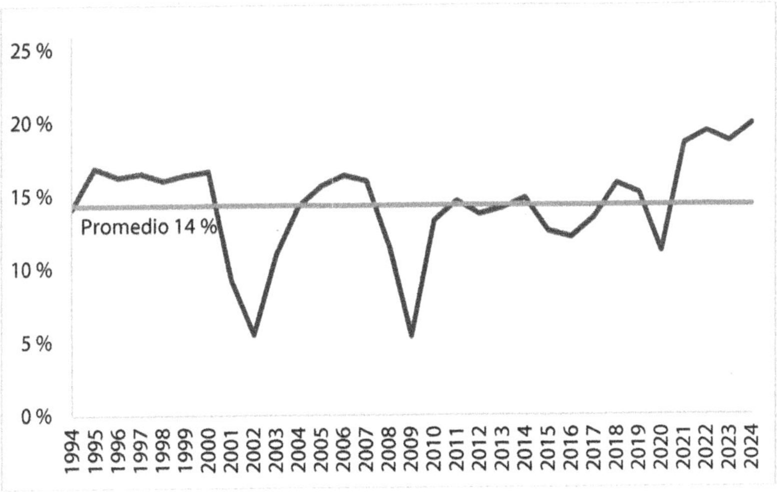

Fuente: Elaboración propia a partir de datos de Bloomberg.

Gráfico 1.2. Dividendos/beneficio neto del S&P 500 (1994-2024)

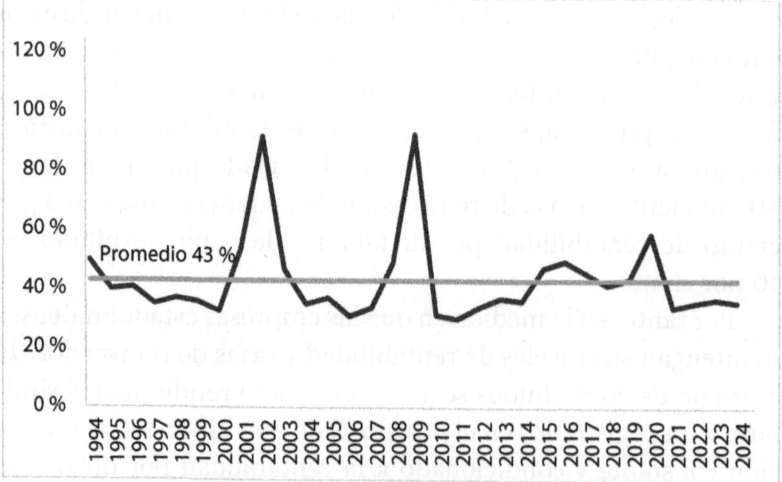

Fuente: Elaboración propia a partir de datos de Bloomberg.

Gráfico 1.3. Rentabilidad por dividendo del S&P 500 (1994-2024)

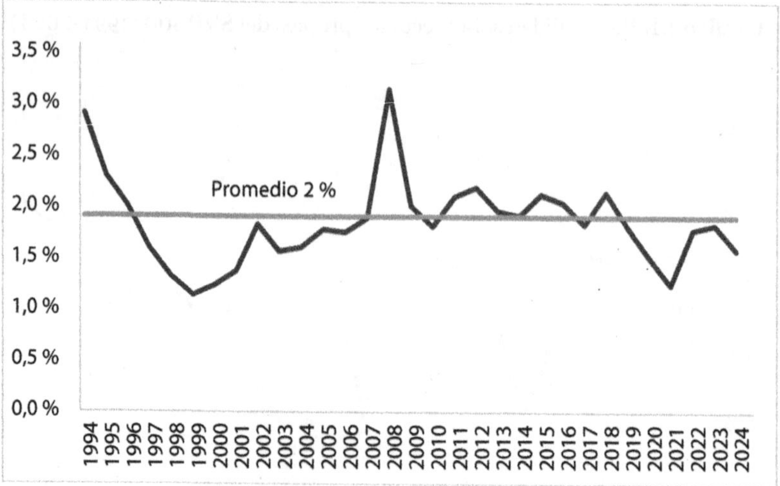

Fuente: Elaboración propia a partir de datos de Bloomberg.

Otra forma de entender la evolución histórica de la bolsa es la siguiente: El rendimiento generado por la bolsa (y por las acciones de una empresa concreta) ha de ser igual a: a) su rentabilidad por dividendo, más b) el crecimiento de beneficios que experimente (que es una aproximación al incremento de su valor intrínseco), más c) el impacto del cambio del multiplicador de valoración al que cotice (medido, por ejemplo, como la variación de su PER) (tabla 1.4).[7]

Se puede observar cómo, durante los veinte años transcurridos entre 2004 y 2024, el crecimiento de ingresos del S&P 500 ha sido muy parecido al del PIB[8] nominal de Estados Unidos (gráfico 1.4), es decir, de casi un 5 por ciento anual. Esto es lógico, ya que el S&P 500 representa más del 80 por ciento del valor de mercado de las acciones cotizadas de Estados Unidos y, por tanto, es una muestra representativa de la economía estadounidense; por ese motivo, el incremento de ingresos del S&P 500 está bastante correlacionado con el aumento nominal del PIB estadounidense. Sin embargo, el crecimiento del beneficio del S&P 500 ha sido algo superior al de su facturación (lo cual es razonable dado el apalancamiento operativo inherente a la mayoría de los negocios, que tienen ciertos costes de naturaleza fija, y a otros factores financieros y fiscales, como pueden ser el abaratamiento de gastos financieros que caracterizó a la época

7. PER (*Price Earnings Ratio*, en inglés): es el principal multiplicador de valoración en bolsa. Se calcula como la capitalización bursátil de una empresa dividida entre su beneficio neto (o como el precio por acción de la empresa entre su beneficio neto por acción). El inverso del PER (1/PER) mide la rentabilidad por beneficios (o *earnings yield*, en inglés) a la que cotiza una empresa (o el conjunto de la bolsa). El PER medio de la bolsa de Estados Unidos ha sido de en torno a 16× desde 1960 (*earnings yield*, o rentabilidad por beneficios, del 6 %). De forma simplificada, cuanto mayor es el PER de la bolsa (o de una empresa) más cara está, y viceversa. No hay niveles absolutos de PER que indiquen que la bolsa esté infravalorada o sobrevalorada; lo estará, o no, en términos relativos, es decir, en función del crecimiento futuro de sus beneficios y de la rentabilidad alternativa libre de riesgo (la rentabilidad de los bonos soberanos a largo plazo).

8. PIB (producto interior bruto): es un indicador macroeconómico que mide el valor de los productos y servicios producidos en un país durante un determinado período de tiempo. Es el indicador macroeconómico más utilizado a la hora de medir el tamaño de la economía de un país.

de tipos de interés anormalmente bajos que siguió a la crisis financiera de 2008 y la fuerte reducción del impuesto de sociedades de Estados Unidos en 2018).

Gráfico 1.4. S&P 500 vs. PIB de Estados Unidos (2004-2024; 2004 = base 100)

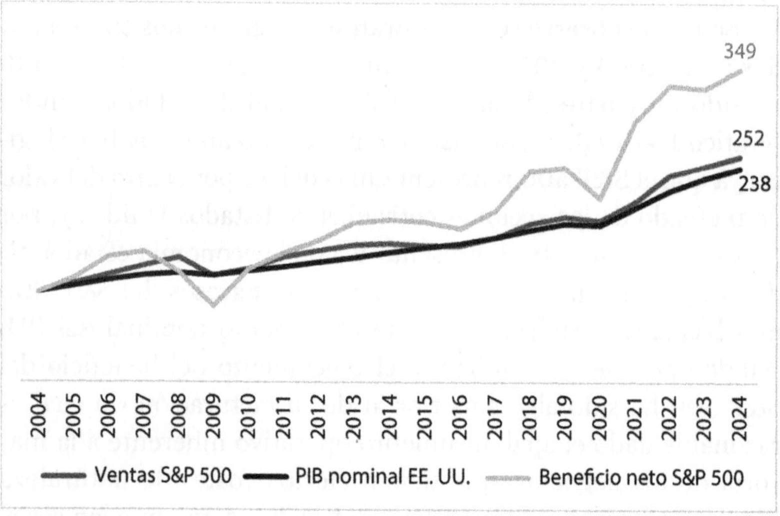

Fuente: Elaboración propia a partir del Fondo Monetario Internacional[9] y datos de Bloomberg.

Durante el período analizado, el crecimiento anual de beneficios del S&P 500 ha sido de algo más del 6 por ciento, la rentabilidad por dividendo del índice ha promediado un 2 por ciento y la expansión de su multiplicador de valoración ha tenido un efecto positivo en su cotización de casi un 2 por ciento anual (el PER del S&P 500 se ha expandido, pasando de 19× a 27×). Así pues, se comprende que la rentabilidad total generada por el S&P 500 entre 2004 y 2024 haya sido del 10 por ciento anual:

9. «World Economic Outlook Databases», Fondo Monetario Internacional, <https://www.imf.org/en/Publications/SPROLLs/world-economic-outlook-databases>.

Tabla 1.4. Desglose de la rentabilidad anual acumulativa del S&P 500 (2004-2024)

S&P 500: incremento anual acumulativo (2004-2024)	
Ingresos	5 %
Beneficio neto (a)	6 %
Impacto variación PER (b)	2 %
Cotización (a + b)	8 %
Rentabilidad por dividendo (c)	2 %
Rentabilidad total (a + b + c)	10 %

Fuente: Elaboración propia a partir de datos de Bloomberg.

A pesar de que la bolsa es el mejor instrumento de inversión a largo plazo que haya existido (disponible para cualquier persona y accesible a un coste mínimo hoy en día), no hay que olvidar que, en períodos más cortos, e incluso en ciertas fases de la historia de mayor duración, las rentabilidades generadas por la bolsa estadounidense han sido mediocres, o negativas. Por ejemplo, el Dow Jones[10] no alcanzaría los niveles máximos de cotización previos al estallido de la burbuja especulativa de 1929 hasta finales de 1954. Además, dicha caída bursátil fue agudizándose progresivamente durante la Gran Depresión estadounidense; la cotización del Dow Jones no llegó a tocar suelo hasta 1932, momento en el que acumulaba una caída aproximada del 90 por ciento frente a sus máximos de 1929. Un ejemplo más reciente lo encontramos en el S&P 500 tras colapsar la burbuja tecnológica del año 2000; la rentabilidad total del S&P 500 entre el 2000 y el 2011 fue del 0 por ciento.

Si hay algo más importante que aprender de los errores propios es aprender de los ajenos; conviene no olvidar las lecciones del pasado y evitar a toda costa participar en las grandes burbujas especulativas actuales, y en las que estén por llegar. La bolsa es una

10. Dow Jones Industrial Average: es uno de los principales, y más antiguos, índices bursátiles estadounidenses. Está compuesto por una selección de 30 grandes empresas cotizadas de Estados Unidos.

herramienta de inversión fantástica, pero comprometer tu dinero en ella cuando cotiza a valoraciones poco atractivas es peligroso.

Un repaso de las rentabilidades históricas obtenidas por diferentes clases de activos demuestra que invertir en el capital de empresas es la mejor alternativa de inversión disponible. La rentabilidad de la bolsa, en períodos extensos, está íntimamente ligada al crecimiento económico general y al rendimiento generado por las empresas que en ella cotizan.

La inversión bursátil es una herramienta especialmente atractiva para los jóvenes, ya que tienen un horizonte temporal de inversión más largo. El inversor joven puede aprovechar mejor la fuerza del interés compuesto en el tiempo; incluso tasas de rentabilidad moderadas, si se sostienen durante un período suficientemente extenso, pueden generar resultados absolutos espectaculares. Además, la bolsa es menos arriesgada a largo plazo que a corto plazo, como puede apreciarse a continuación:

Gráfico 1.5. Rentabilidad anual acumulativa del S&P 500 por períodos de años (1929-2024)

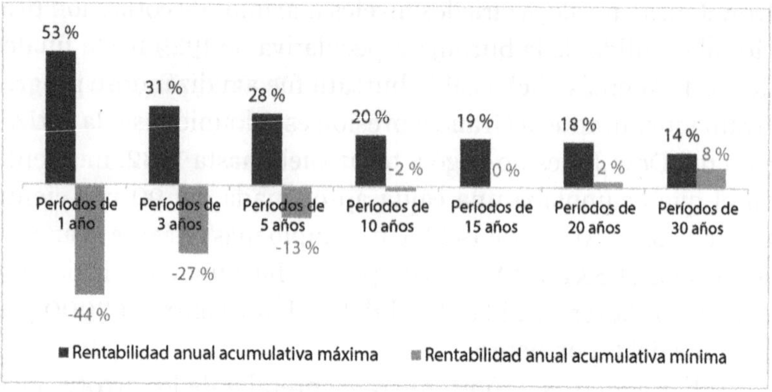

Fuente: Elaboración propia a partir de Aswath Damodaran.[11]

Entre 1929 y 2024, la rentabilidad del S&P 500 a corto plazo ha sido mucho más volátil que a largo plazo. Además, se puede

11. Aswath Damodaran, *op. cit.*

apreciar cómo es menos probable experimentar pérdidas (y, por tanto, se corre menos riesgo) invirtiendo en el conjunto de la bolsa estadounidense cuanto mayor es el horizonte temporal de la inversión. En períodos de un año, la rentabilidad de la bolsa de Estados Unidos oscila entre un máximo del +53 por ciento y un mínimo del -44 por ciento, mientras que en rangos de treinta años las rentabilidades anuales acumulativas máximas y mínimas son del +14 y +8 por ciento, respectivamente. Además, entre 1929 y 2024, la bolsa estadounidense ha experimentado rentabilidades negativas en un 26 por ciento de los años en que se divide el intervalo, mientras que, tomando horquillas de cinco, diez y veinte años, su rentabilidad anual acumulativa sólo ha sido negativa en un 12, un 6 y un 0 por ciento de los períodos analizados.

Esto se debe a que cuanto mayor es el plazo de la inversión, más importancia tiene la evolución del valor intrínseco de la bolsa (medida, por ejemplo, como la evolución del beneficio de sus empresas integrantes), y menos la volatilidad de su valoración (la variación de su PER); es decir, en un intervalo temporal corto, la variación del PER de la bolsa tiene una mayor influencia en el resultado del inversor que el crecimiento de los beneficios de las empresas que la conforman. En cambio, a largo plazo, la importancia de la variación del PER se diluye entre un mayor número de años y pasa a un segundo plano en comparación con el crecimiento de beneficios.

Invertir en el capital de empresas durante largos períodos de tiempo es la mejor alternativa que se te presenta. Puedes aprovechar esta oportunidad de dos maneras: invirtiendo en negocios cotizados (en bolsa), o en negocios no cotizados.

En las dos opciones comprometerás tu dinero en el capital de una empresa y serás, por tanto, su propietario; tanto en una como en otra, el precio de compra y la evolución del valor de la empresa (su valor está ligado a su capacidad de generar beneficios) serán los factores que condicionen tu rentabilidad final. Sin embargo, ambas alternativas presentan diferencias entre sí.

Tanto si inviertes en una compañía cotizada como si lo haces en una que no está en bolsa (por ejemplo, un proyecto empresarial propio), tienes que realizar un trabajo intelectual; deberás saber valorar las dinámicas comerciales futuras de la compañía y la posición competitiva que ocupa dentro de su industria. Sin embargo, al invertir en empresas cotizadas se entiende que lo harás, generalmente, como socio minoritario y pasivo (a no ser que tengas un patrimonio muy grande, es difícil que llegues a controlarla), por lo que la inversión en bolsa, en tu caso, conlleva una gran ventaja (con respecto a la vía del emprendimiento ya mencionada): la comodidad de no participar en la gestión de la empresa en la que inviertes. Esto es relevante, ya que ahorrarás grandes cantidades de tiempo y esfuerzo al no verte envuelto en los problemas que conlleva la operativa diaria de cualquier negocio (tomar decisiones estratégicas complejas, liderar la plantilla de empleados, negociar con clientes y proveedores, tratar con la administración pública y cumplir con la regulación vigente, etc.).

Es evidente que, al delegar la gestión de la compañía en la que inviertes, tienes que saber valorar la aptitud, el carácter y la honradez de aquellos que la dirigen. Esto no es fácil, pero tampoco es imposible. En la segunda parte de este libro se explicarán algunos aspectos relevantes en relación con el análisis de los directivos de una empresa cotizada. Siempre he visto como una gran oportunidad, y no como un inconveniente, ser el socio minoritario y pasivo de los grandes empresarios de nuestra época (Warren Buffett, Jeff Bezos, Bernard Arnault, etc.). Al fin y al cabo, ¿quién mejor que ellos para gestionar tu patrimonio? A veces, el hecho de tener el control de una compañía está sobrevalorado.

La inversión bursátil es la mejor alternativa de inversión de la que dispones (sobre todo, si eres joven). Te da la oportunidad de rentabilizar a largo plazo tu dinero a mayor ritmo que otras clases de activos de inversión y, además, te permite hacerlo de forma pasiva (con las ventajas que esto conlleva) mientras dedicas la mayor parte de tu tiempo a otras actividades. Gracias a la bolsa, puedes participar en cualquier negocio (productos de consumo, seguros, energía y materias primas, tecnología, etc.), y hacerlo de la mano de, prácticamente, quien quieras (puedes ser socio de cualquier empresario al que admires; tu patrimonio se puede rentabilizar al mismo ritmo que el de Jeff Bezos o Warren Buffett si compras acciones de Amazon o Berkshire Hathaway). Por si fuera poco, la bolsa te permite hacer todo esto de la manera más simple, cómoda y barata posible (extrema minimización de trámites administrativos, costes de transacción, etc.), y de forma líquida (puedes vender tu inversión de forma casi instantánea en caso de querer rectificar tus decisiones o disponer de tu dinero por alguna otra razón).

Dicho esto, tienes que recordar que la inversión en bolsa conlleva riesgos y que debes invertir de forma disciplinada y rigurosa. Si no lo haces, probablemente obtendrás rentabilidades mediocres o, incluso, perderás dinero.

Los siguientes capítulos de este libro tratarán de explicarte, y ayudarte a implementar, dos formas de invertir en bolsa tu patrimonio (personal o familiar) o el de tus clientes (en caso de que gestiones dinero ajeno de forma profesional o te dediques al asesoramiento financiero) de forma exitosa:

- En primer lugar, expondré una estrategia de inversión pasiva que puedes aplicar desde hoy mismo y que tanto Warren Buffett como yo te recomendamos. Si la ejecutas de forma disciplinada a lo largo del tiempo, podrás rentabilizar tu patrimonio a tasas razonablemente buenas sin asumir riesgos innecesarios. Cabe destacar que la ejecución de esta estrategia de inversión no requerirá apenas ningún esfuerzo por tu parte.
- En la segunda parte del libro explicaré de forma práctica una filosofía de inversión que te permitirá gestionar directamente, y con éxito, tus inversiones en bolsa. Dicha filosofía se conoce como *value investing* y su mayor exponente es Warren Buffett; el *value investing* te permitirá maximizar la rentabilidad de tus inversiones al mismo tiempo que minimizas el riesgo asumido en ellas.

La bolsa representa una oportunidad única para que rentabilices tu patrimonio a largo plazo. Charlie Munger, socio de Warren Buffett durante más de cincuenta años, solía decir que las oportunidades buscan a quien está preparado para aprovecharlas,[12] así que, ¡prepárate!

¡Volviendo a nuestro acertijo! ¿Qué preferirías, 10 millones de euros ahora, o 1 céntimo que se duplica cada día, durante treinta días? ¡Espero que no cayeras en la tentación y eligieras los millones!, ya que con la segunda alternativa hubieras obtenido 10.737.418,24 euros... ¡Más de 700.000 euros adicionales por esperar unos pocos días!

Cabe destacar que, con la segunda opción, al cabo de veintinueve días, hubieras conseguido 5.368.709,12 euros; por lo que sólo en el último día ganarías más de 5 millones de euros (la cantidad obtenida en los anteriores veintinueve días rentabilizándose a una tasa del cien por cien). Esta es la «magia» del interés compuesto.

Otra forma de entender la fuerza del interés compuesto es la siguiente: Chris Davis, miembro del Consejo de Administración de Berkshire Hathaway y presidente de la gestora de fondos Davis Advisors, cuenta que su abuelo, el gran inversor Shelby Cullom Davis, solía decir que «Ganar el primer millón es lo más difícil, el segundo millón es sólo el doble, el tercero un 50 por ciento, el cuarto un 33 por ciento, el quinto un 25 por ciento... El umbral para ganar un millón de dólares llega hasta el punto en que podrías conseguirlo sólo con los intereses cobrados».[13]

12. Peter Kaufman, *Poor Charlie's almanack: The wit and wisdom of Charles T. Munger*, PCA Publications, Estados Unidos, 2006.

13. «What I've learned from Warren Buffett & Charlie Munger w/ Chris Davis» [vídeo], YouTube, 29 de octubre de 2023, <https://www.youtube.com/watch?v=Oeo66H4lM-g>.

2

¿Cómo invertir en bolsa si decides delegar la gestión de tu patrimonio?

A la hora de operar en bolsa tienes dos alternativas: o bien gestionar de forma activa tus inversiones, o bien delegar la gestión participando en fondos de inversión. Evidentemente, también puedes combinar ambas opciones.

Si no tienes ni el tiempo ni el conocimiento necesarios para encargarte de invertir tu patrimonio en bolsa, harás bien en delegar su gestión. Si ésa es tu decisión, puedes optar por fondos de gestión activa o fondos de gestión pasiva. Los fondos de gestión activa, básicamente, buscan batir las rentabilidades generadas por un determinado índice bursátil (aunque la mayoría, debido a las altas comisiones cobradas y a la forma en que operan sus gestores, no consiguen su objetivo), mientras que los fondos de gestión pasiva (también conocidos como fondos indexados) tienen el simple objetivo de replicar un determinado índice bursátil (cobrando a cambio unas comisiones, por lo general, bajas e inferiores a las de los fondos de gestión activa).

En el siguiente capítulo expondré cuál es la mejor estrategia de inversión que puedes poner en práctica en caso de que hayas decidido delegar la gestión de tus inversiones en bolsa. Cabe destacar que Warren Buffett también recomienda el planteamiento de inversión del que te hablo (en el anexo 1 puedes encontrar algunas citas suyas al respecto). Cuanto más joven seas, más atractiva será esta estrategia de inversión para ti (al tener como finalidad la generación de tasas de rentabilidad razonables, pero no extraordinarias, es vital alargar su horizonte temporal para poder obtener un resultado final verdaderamente atractivo); en ella encontrarás una herramienta de una eficiencia increíble para rentabilizar tu patrimonio a lo largo del tiempo.

Si, por el contrario, prefieres gestionar directamente tus inversiones en bolsa, no te preocupes; en la segunda parte del libro profundizaré en la filosofía de inversión que más te conviene para hacerlo de una forma eficaz (la explicación tendrá un carácter muy práctico, ya que se basará en tres ejemplos de inversiones reales que realicé a nivel personal).

Sin más preámbulos, vamos con el objeto de este capítulo: ¿A quién debes delegar la gestión de tus inversiones bursátiles en el caso de que hayas decidido no gestionarlas por tu propia cuenta?

Desde hace décadas, los fondos de gestión activa dominan la industria financiera. Sin embargo, los fondos indexados han ido ganando cuota de mercado progresivamente gracias a que obtienen, de forma generalizada, rentabilidades (netas de comisiones) superiores a las de los primeros. Esto se debe, principalmente, a que los gestores de fondos de gestión activa no suelen batir al mercado (sólo lo consiguen unos pocos), y a que los indexados cobran unas comisiones mucho más competitivas. Es difícil escapar a las leyes de la oferta y la demanda en un sistema capitalista competitivo: si ofreces a un precio más elevado un servicio de igual, o inferior, calidad al de tu competidor, tienes un problema.

La intensificación de la competencia en la industria financiera es positiva para ti. La presión competitiva que los fondos de gestión pasiva están ejerciendo beneficia, en última instancia, al inversor, tanto a quien invierte en fondos activos (éstos, para evitar perder volumen, se han visto obligados a reducir sus comisiones), como a quien elige fondos indexados (que, a medida que ganan escala, pueden incrementar sus márgenes de beneficio incluso a pesar de reducir sus ya de por sí bajas comisiones).

La mayoría de los gestores profesionales de fondos de inversión activa no baten a los índices bursátiles con los que se comparan, es decir, no aportan ningún valor al inversor (más adelante mencionaré alguna de las causas de este peculiar y tan extendido fenómeno). De hecho, cuanto más largo es el plazo de la inversión, menos gestores logran superar a los principales índices bursátiles de referencia:

Tabla 2.1. Porcentaje de fondos de inversión estadounidenses de gestión activa que generan rentabilidades inferiores a sus índices de referencia (2002-2022)

Categoría del fondo	Índice bursátil de referencia	1 año	3 años	5 años	10 años	15 años	20 años
All Domestic Funds	S&P Composite 1500	50 %	79 %	88 %	93 %	94 %	92 %
All Large-Cap Funds	S&P 500	51 %	74 %	87 %	91 %	93 %	95 %
All Mid-Cap Funds	S&P MidCap 400	63 %	78 %	85 %	82 %	93 %	93 %
All Small-Cap Funds	S&P SmallCap 600	57 %	71 %	74 %	89 %	95 %	97 %
All Multi-Cap Funds	S&P Composite 1500	51 %	81 %	87 %	93 %	93 %	92 %
Large-Cap Growth Funds	S&P 500 Growth	74 %	89 %	86 %	96 %	98 %	98 %
Large-Cap Core Funds	S&P 500	54 %	68 %	84 %	96 %	96 %	96 %
Large-Cap Value Funds	S&P 500 Value	59 %	39 %	70 %	92 %	90 %	87 %
Mid-Cap Growth Funds	S&P MidCap 400 Growth	53 %	78 %	39 %	91 %	91 %	92 %
Mid-Cap Core Funds	S&P MidCap 400	56 %	70 %	84 %	88 %	97 %	94 %
Mid-Cap Value Funds	S&P MidCap 400 Value	73 %	82 %	82 %	95 %	94 %	96 %
Small-Cap Growth Funds	S&P SmallCap 600 Growth	80 %	76 %	76 %	81 %	95 %	97 %
Small-Cap Core Funds	S&P SmallCap 600	40 %	45 %	76 %	95 %	96 %	97 %

.../...

.../...

Categoría del fondo	Índice bursátil de referencia	1 año	3 años	5 años	10 años	15 años	20 años
Small-Cap Value Funds	S&P SmallCap 600 Value	41 %	44 %	75 %	91 %	91 %	97 %
Multi-Cap Growth Funds	S&P Composite 1500 Growth	50 %	84 %	84 %	92 %	96 %	96 %
Multi-Cap Core Funds	S&P Composite 1500	58 %	58 %	84 %	91 %	93 %	93 %
Multi-Cap Value Funds	S&P Composite 1500 Value	58 %	58 %	87 %	91 %	93 %	93 %
Real Estate Funds	S&P United States REIT	88 %	58 %	62 %	74 %	87 %	87 %

Fuente: Elaboración propia a partir de S&P Global.[14]

2.1. La importancia de minimizar las comisiones

Las altas comisiones cobradas explican, en gran medida, esta triste realidad. Evidentemente, el conjunto de todos los inversores no puede obtener rentabilidades brutas (antes de comisiones) superiores al propio mercado (que está formado por el conjunto de todos ellos) por lo que, de media, debe obtener rentabilidades, netas de comisiones, inferiores al mercado. La diferencia entre la rentabilidad generada por el mercado y la rentabilidad neta obtenida por el conjunto de los inversores es, por tanto, igual a la cantidad de comisiones y costes de transacción incurridos. Como consecuencia, el inversor en fondos indexados, que soporta comisiones mucho más bajas, por regla general, obtendrá mejores rentabilidades que el partícipe de los fondos de gestión activa.

Así lo resume el profesor Burton G. Malkiel: «Los fondos indexados han generado de forma duradera tasas de rentabilidad anuales de cerca de 2 puntos porcentuales por encima de las ob-

14. S&P Dow Jones Indices LLC, CRSP, 2023, <https://www.spglobal.com/spdji/en/documents/spiva/spiva-us-year-end-2022.pdf>.

tenidas por los gestores activos. Los gestores activos, como grupo, no pueden conseguir rentabilidades brutas superiores al mercado por lo que, de media, deben obtener rentabilidades netas inferiores a las del mercado por un margen igual a la cantidad de costes soportados. La experiencia nos dice que los inversores en fondos indexados obtendrán mejores resultados que los del típico gestor de fondos, ya que las grandes comisiones y la significativa rotación de las inversiones de su cartera tenderán a reducir su rentabilidad. El fondo indexado es el método idóneo para obtener rentabilidades similares a las del mercado sin absolutamente ningún esfuerzo y sin apenas soportar comisiones».[15]

Básicamente, los fondos de gestión activa tienen un hándicap de 2 puntos porcentuales de mayores costes respecto a los índices bursátiles contra los que se comparan. Estos costes se desglosan, principalmente, en más de un 1 por ciento de comisión de gestión y otros costes operativos, y en un 0,5 por ciento adicional de costes de transacción derivados de la rotación de las inversiones del propio fondo.[16] Además, algunos fondos de gestión activa cobran comisiones adicionales a las ya mencionadas (de suscripción, sobre la rentabilidad final del fondo, etc.).

Los fondos activos de renta variable[17] suelen cobrar comisiones de gestión de alrededor de un 1,5 por ciento anual. Por el contrario, las de un fondo indexado (o un ETF)[18] son sustancialmente inferiores gracias a su estilo de gestión; por ejemplo, los fondos indexados de renta variable de Blackrock (el mayor pro-

15. John C. Bogle, *The Little Book of Common Sense Investing*, John Wiley & Sons, Inc., Estados Unidos, 2017.

16. Ibídem.

17. *Renta variable*: expresión con la que se hace referencia a la inversión en acciones cotizadas. La principal alternativa a la renta variable es la renta fija (inversión en bonos de Estados o empresas), así llamada porque se conoce de antemano el interés que el deudor pagará al acreedor.

18. ETF (*Exchange Traded Fund*): fondo de inversión que cotiza en bolsa y que intenta replicar la rentabilidad de un índice bursátil (aunque, actualmente, también existen ETF que siguen estrategias de inversión activa). Para ti, a efectos operativos y fiscales, un ETF funciona como una acción cotizada cualquiera.

veedor mundial de este tipo de vehículos) tienen una comisión de gestión media de en torno al 0,10 por ciento anual.

Ya he hecho referencia al interés compuesto y a la gran diferencia que distintas tasas de rentabilidad producen, a lo largo de un período temporal suficientemente extenso, en los resultados de una determinada inversión. John Bogle, fundador de Vanguard (principal competidor de Blackrock y pionero de la gestión pasiva), utiliza en su libro *The Little Book of Common Sense Investing* (que te recomiendo leer) un ejemplo muy similar al que expongo a continuación (y en el cual me he basado), en el que queda demostrada la importancia de minimizar los costes de intermediación a la hora de invertir:

Tenemos dos inversores y un índice bursátil, el S&P 500, con un plazo de inversión de cincuenta años. En éste, el S&P 500 genera una rentabilidad anual del 8 por ciento, uno de los inversores invierte en un ETF del S&P 500 con una rentabilidad anual del 7,93 por ciento (tras deducir una comisión del 0,07 por ciento), y el otro inversor participa en un fondo de gestión activa cuya rentabilidad neta es del 6 por ciento anual (tras comisiones anuales totales del 2 por ciento). ¿Cuál será el resultado final de cada uno?

Gráfico 2.1. Interés compuesto vs. comisiones compuestas

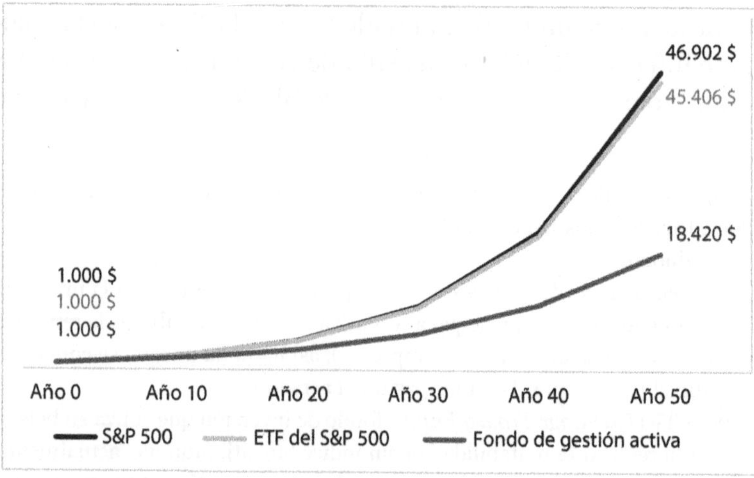

Fuente: Elaboración propia.

Al cabo de cincuenta años, las comisiones pagadas por el inversor del fondo de gestión activa absorberían un 61 por ciento de su rentabilidad potencial (la rentabilidad del S&P 500), mientras que la comisión del ETF tan sólo detraería un 3 por ciento de la rentabilidad potencial del inversor.

Al elegir el fondo de gestión activa del ejemplo, tú, que habrías invertido el cien por cien del capital y asumido el cien por cien del riesgo de la inversión, solamente obtendrías un 39 por ciento de la rentabilidad del mercado, mientras que la industria financiera, sin haber invertido su capital ni haber asumido ningún riesgo, ¡confiscaría un 61 por ciento de tu rentabilidad potencial! Como dice John Bogle, lo que se muestra en el ejemplo es cómo, a largo plazo, «el milagro de las rentabilidades compuestas queda eclipsado por la tiranía de los costes compuestos».[19]

Probablemente, este simple ejemplo ya te habrá convencido de que la inversión pasiva es una mejor alternativa que la de los gestores profesionales de fondos activos (uno invierte con el objetivo de rentabilizar su patrimonio, ¡no para hacer crecer el de sus gestores!). Al fin y al cabo, los fondos indexados te garantizan que obtendrás una rentabilidad muy similar a la del mercado (a cambio de replicar un determinado índice bursátil, soportarás una comisión de gestión muy baja) y que batirás a la mayoría de los gestores profesionales.

Antes de explicar la estrategia de inversión pasiva que tanto Warren Buffett como yo te recomendamos, merece la pena una breve mención a algunas de las razones por las cuales la inmensa mayoría de los gestores de fondos de inversión no generan valor para sus clientes.

2.2. ¿Por qué no suelen crear valor para sus inversores los gestores profesionales?

La mayoría de los gestores profesionales de fondos de inversión activa no logran batir a los principales índices bursátiles, princi-

19. John C. Bogle, *op. cit.*

palmente, porque no actúan conforme a una filosofía de inversión adecuada (además de por las altas comisiones cobradas). Aunque Warren Buffett y otros inversores han desarrollado y enseñado a lo largo de las últimas décadas los fundamentos del *value investing*, sólo una minoría de la comunidad inversora actúa conforme a los principios de dicha filosofía; la mayoría, por el contrario, o bien no ha sabido aplicarla en la práctica (por no haberla entendido o interiorizado), o bien ni siquiera lo ha intentado (por no creer en ella o, incluso, por razones menos honradas).

El hecho de que gran parte de los gestores e inversores no batan a los principales índices, unido a que casi todos los que sí lo han conseguido de forma consistente en el tiempo sean seguidores y representantes del *value investing* (Warren Buffett, Charlie Munger, Lou Simpson, Walter Schloss, Bill Ruane, Joel Greenblatt, Mohnish Pabrai, Li Lu, Chuck Akre, Nick Sleep, Thomas Russo, David Tepper, Guy Spier, Peter Lynch, Bill Ackman, Rob Vinall, Shelby Davis y sus descendientes, etc.) confirma mi hipótesis.

Por poner algún ejemplo concreto, cabe destacar que la mayoría de los asesores financieros y gestores profesionales de fondos siguen un modelo «de inversión» basado en posicionar las carteras de sus clientes de tal forma que se beneficien de una determinada coyuntura económica y financiera (si piensan que los tipos de interés van a subir, compran bancos; si piensan que la economía se va a desacelerar y, por tanto, que la demanda y el precio del petróleo van a bajar, venden petroleras). Esta forma de actuar, en realidad, no es ninguna estrategia de inversión, sino de especulación (simplemente, trata de prever movimientos de las cotizaciones de diferentes tipos de activos financieros). Se trata de una estrategia condenada, en el mejor de los casos, a la mediocridad; la mayoría de los integrantes de la industria financiera, por definición, no guía al rebaño, ¡sino que forma parte de él! Es decir, los que siguen este tipo de estrategias van a remolque; no son ellos los que identifican, antes que nadie, que los tipos de interés van a subir y que, por tanto, las cotizaciones de los bancos responderán al alza, sino que compran acciones de bancos después de que éstas hayan subido ya considerablemente. Es imposible invertir con éxito teniendo un punto de vista igual al del consenso y, por supuesto, el criterio del conjunto de la industria financiera es, por su propia naturaleza... ¡el consenso!

Otra de las principales razones por las que la mayoría de los fondos de gestión activa no baten al mercado se debe a la falta de alineación entre los intereses del gestor y los del partícipe del fondo. Cuando un gestor de fondos cobra una comisión anual del 1,5 por ciento, resulta obvio que está incentivado a escalar el tamaño del fondo (a tener un mayor volumen de activos bajo gestión), antes que a optimizar sus rentabilidades. Una comisión anual del 1,5 por ciento sobre activos de 100 millones de euros genera 1,5 millones de euros de ingresos para los gestores del fondo, pero sobre un volumen de 1.000 millones de euros, produce 15 millones de euros en comisiones... y la gestión de 1.000 millones de euros no requiere, prácticamente, ni más empleados ni más recursos que la de 100 millones de euros). Charlie Munger solía decir: «Muéstrame los incentivos y te diré cuál será el resultado final».

La falta de alineación de intereses que existe con frecuencia entre el gestor y el inversor perjudica a las rentabilidades del fondo, principalmente, de tres maneras. En primer lugar, el gestor, al estar incentivado a captar un mayor volumen de activos en vez de a optimizar la rentabilidad del fondo, desviará su foco de atención de la inversión al marketing (acabará siendo un buen comercial y un mal gestor de inversiones). En segundo lugar, el miedo a perder partícipes y volumen de activos bajo gestión fomenta que el gestor prefiera obtener resultados regulares y similares a los de la media del mercado en vez de perseguir rentabilidades extraordinarias (con el riesgo que esto supone, en caso de equivocarse). Por último, al aumentar la escala del fondo, se reduce el universo de oportunidades de inversión y, por ello, queda limitada su capacidad de obtener rendimientos sobresalientes.

El miedo a perder volumen de activos bajo gestión hará que el gestor busque resultados «convencionales» (similares a la media del mercado), en lugar de resultados extraordinarios que impliquen, en caso de equivocarse, el riesgo de ser extraordinariamente malos. Esto derivará en actitudes y prácticas de inversión gregarias y mediocres. Como es evidente, no se pueden generar rentabilidades excelentes haciendo lo que hace la mayoría de la comunidad financiera; para hacerlo mejor, hay que hacer algo diferente.

La búsqueda de resultados «convencionales» lleva a varias prácticas de inversión muy comunes en la industria financiera que, por fuerza, imposibilitan la obtención de rentabilidades extraordinarias de forma consistente: muchos gestores de fondos tienen carteras excesivamente diversificadas[20] (cuanto más diversificado, más probable es que tus resultados sean menos volátiles y que se parezcan más a la media del mercado) y sobreexpuestas a las grandes empresas que conforman los principales índices bursátiles (al fin y al cabo, nadie iba a despedir en el año 2000 a un gestor que invirtiera en General Electric, Cisco o Intel, incluso aunque las comprara a valoraciones injustificables). Si el típico gestor de fondos de inversión acaba generando rentabilidades similares a las del mercado (ya sea porque su estilo de inversión gregario le impide batirlo o, simplemente, porque superar al mercado es difícil y, por tanto, tan sólo una minoría puede hacerlo), el inversor en fondos de gestión activa, por regla general, obtendrá rentabilidades netas de comisiones inferiores a las del mercado y, como consecuencia, inferiores a las de los fondos indexados.

Otras causas del fracaso generalizado de los gestores de fondos de inversión activa son la mentalidad cortoplacista con la que actúan (actualmente, el período de tenencia de una acción cotizada en la bolsa de Nueva York es de menos de un año, cuando se supone que la inversión en bolsa debe realizarse con una visión de largo plazo), la hiperactividad causada por la necesidad de operar

20. Cabe destacar que el regulador suele establecer ciertos límites a la concentración de las inversiones de un fondo (restricciones que varían según el tipo de fondo de inversión). Sin embargo, se puede argumentar que la principal causa de la sobrediversificación que caracteriza a la industria financiera es la actitud de los gestores profesionales (que están condicionados por una mentalidad gregaria, por carecer de una filosofía de inversión sólida, por el escaso rigor de sus análisis y valoraciones, por el efecto de determinadas rutinas operativas autoimpuestas, etc.) y no tanto los límites regulatorios.

para justificar el sueldo cobrado (lo cual conlleva comisiones adicionales, ineficiencias fiscales, y, además, perjudica a las rentabilidades del fondo de otras maneras... Pero no parece que la industria financiera haya entendido que la decisión de no actuar es, también, una decisión activa, ni que, como dice un amigo mío, el principal factor productivo en la inversión no es el trabajo, sino el capital), la falta de rigor en las valoraciones realizadas (como se verá en la tabla 5.5), la facilidad con la que los gestores salen de su *circle of competence* (o 'círculo de competencia', concepto popularizado por Warren Buffett, que hace referencia al hecho de que sólo hay que invertir en aquello que se comprende), etc.

Por último, y antes de dejar de lado (por el momento) a los gestores de fondos de inversión activa, es necesario destacar la dificultad de encontrar un gestor adecuado (al parecer, ¡hay muy pocos!).

Para batir al mercado de forma sostenida en el tiempo hace falta una combinación de conocimiento técnico y temperamento fuera de lo común. La mayoría de los gestores profesionales sí tienen el conocimiento técnico suficiente para lograr su objetivo (¡incluso suponiendo que éste consista en rentabilizar el patrimonio de sus clientes por encima de la media del mercado y no sólo en cobrar comisiones!), de hecho, suelen tener mucho más del necesario, lo cual complica todavía más la consecución de dicho objetivo; sin embargo, pocos tienen el temperamento necesario para batir al mercado (criterio independiente del consenso de la mayoría, capacidad de ser flexible y reconocer cuándo se ha cometido un error, prudencia, paciencia, disciplina para mantenerse dentro de su *circle of competence*, etc.).

También cabe destacar que, aunque des con un gestor que tenga el conocimiento y el temperamento requeridos para batir al mercado a largo plazo, necesitas que ese profesional, además, sea honrado y que sus intereses estén alineados con los de los partícipes de su fondo. Por si fuera poco, deberá ser lo suficientemente joven como para que gestione tus inversiones durante una o dos décadas (como mínimo) pero que, al mismo tiempo, cuente con un historial exitoso y significativo (largo) como para que seas capaz de analizarlo y de valorar su aptitud.

Créeme, es mucho más complicado encontrar un gestor profesional adecuado (alguien que logre batir al mercado de forma sostenida en el tiempo) que comprar acciones de una buena empresa a un precio atractivo (¡con la que sí conseguirás batir al mercado!). Si decides no seguir la estrategia de inversión pasiva que a continuación explicaré, es probable que sea mejor que gestiones directamente tus inversiones en bolsa antes que delegar esa función en un profesional.

3

¿Cuál es la estrategia de inversión pasiva que Warren Buffett y yo te recomendamos?

La estrategia consiste en invertir de forma periódica en un fondo indexado, o en un ETF,[21] que replique el comportamiento del S&P 500. Gracias a esta estrategia, tu patrimonio se rentabilizará en paralelo a las mayores empresas cotizadas de Estados Unidos, la principal economía del mundo, y lo hará a un coste ínfimo. Si la pones en práctica de forma adecuada, conseguirás incrementar tu patrimonio a tasas razonablemente buenas, siempre y cuando el capitalismo siga funcionando y las empresas estadounidenses continúen prosperando.

El gran riesgo de dicha estrategia consiste en que malos puntos de partida y finalización condicionen su resultado final; para reducir esa posibilidad al máximo, debes alargar su horizonte temporal y periodificar las inversiones que la conforman.

Por tanto, para llevar a cabo esta estrategia de inversión de

21. Puedes realizar la estrategia, indistintamente, a través de fondos indexados y de ETF. Si, en vez de hacerlo a través de un ETF, eliges un fondo indexado tendrás, como inversor español, el beneficio fiscal de la «traspasabilidad» de fondos, que te permite diferir la tributación por ganancias de capital al momento de la venta final. Es decir, si en un momento dado decidieras traspasar tu inversión de un fondo indexado al S&P 500 a otro indexado al MSCI World, por ejemplo, podrías hacerlo sin necesidad de vender el antiguo para comprar el nuevo (con lo que evitarías la penalización fiscal asociada a la venta).

forma exitosa sólo necesitas dos virtudes: paciencia y disciplina. Tendrás que ser paciente porque la estrategia dará sus frutos si se lleva a cabo durante un período de tiempo largo, pero puede que no funcione en períodos menos extensos; recuerda que la rentabilidad histórica anual de la bolsa estadounidense ha sido de en torno al 10 por ciento (7 por ciento en términos reales, es decir, tras descontar el impacto de la inflación), pero que, en algunas épocas, la rentabilidad de la bolsa ha sido mediocre o, incluso, negativa. Si combinas la paciencia (un horizonte temporal de inversión extenso) con la disciplina (inversiones periódicas), la estrategia te permitirá rentabilizar tu patrimonio con éxito casi con total seguridad (salvo que colapse el capitalismo o se desate un conflicto nuclear, ¡en cuyo caso no importaría que la estrategia dejase de funcionar!).

Es fundamental que periodifiques las inversiones de la estrategia, porque es lo que te permitirá obtener rentabilidades paralelas a las generadas por la bolsa estadounidense a lo largo del tiempo; al invertir periódicamente (en lugar de hacerlo una única vez y a una única valoración de la bolsa) te asegurarás de que tus inversiones se realicen tanto en años en los que la bolsa está cara como en años en los que está barata, por lo que tu rentabilidad final, al cabo de un período temporal lo bastante largo, será acorde a la rentabilidad media generada por el conjunto de las mayores empresas cotizadas de Estados Unidos. Por el contrario, si concentras tu inversión en un contexto caracterizado por valoraciones bursátiles poco atractivas, el resultado final de la estrategia puede ser mediocre (evidentemente, concentrar la inversión en un momento en el que la bolsa esté infravalorada es preferible a la estrategia que propongo, pero parto de la hipótesis de que quizá no seas capaz de identificar, ni de aprovechar, dicha oportunidad).

La idea suena bien..., pero ¿funciona? Veamos qué habría sucedido si yo hubiera escrito este libro, y tú lo hubieras leído, unos cuantos años antes... ¿Cuál sería el resultado de la estrategia (en dólares y en euros),[22] si la hubieras ejecutado a través de

22. El S&P 500 es un índice estadounidense y, por ello, cotiza en dólares. El inversor europeo que adquiere una participación en un fondo indexado al

inversiones periódicas anuales (de 1.000 dólares y 10.000 dólares, realizadas el último día de cada año), entre 1999 y 2022?

Es un ejemplo práctico real, tomando las rentabilidades anuales que ha obtenido el S&P 500[23] (incluyendo la reinversión automática de dividendos que te permiten hacer muchos fondos indexados al S&P 500) y suponiendo que la comisión de gestión del fondo, o ETF, en el que hubieras invertido fuera constante y del 0,07 por ciento anual (es la comisión actual del principal ETF de Blackrock sobre el S&P 500). El ejemplo es muy parecido, pero no exactamente igual, a lo que hubiera sucedido en la realidad ya que, en ésta, habrías soportado algunas comisiones adicionales (ineludibles) al realizar cada inversión (como comisiones de compra, custodia y conversión de tipo de cambio cobradas por el intermediario a través del cual hubieras hecho las operaciones) que me he visto obligado a obviar; la dificultad de estimar dichos costes (que varían dependiendo del intermediario y del importe de las inversiones que la integran) me ha llevado a excluirlos del ejemplo... De todas maneras, se trata de un caso práctico válido que se acerca mucho a lo que hubiera sucedido en la vida real.

El hecho de que el ejemplo comience en diciembre de 1999 y finalice en diciembre de 2022 permite analizar un escenario que se puede utilizar, en cierta medida, como extrapolación a futuro de los resultados pasados generados por la estrategia. Esto se debe a que el período elegido comprende una época económica que, aun caracterizada por un crecimiento económico moderado y sostenido durante muchos años, no ha estado exenta de episodios de pánico bursátil ni de graves crisis económicas. El período escogido comienza en medio de la gran burbuja tecnológica de finales de los años noventa (con lo que, inicialmente, el S&P 500

S&P 500 (sin utilizar coberturas de divisa) estará expuesto a la evolución del tipo de cambio euro-dólar (para comprar un fondo que cotiza en dólares, tiene que tener dólares). Por tanto, si el S&P 500 sube un 10 % un año, pero el dólar se deprecia un 5 % frente al euro, el inversor europeo gana un 10 % en dólares, pero sólo un 5 % en euros.

23. En el anexo 2, al final del libro, puedes ver la rentabilidad anual del S&P 500 entre los años 2000 y 2022. El ejemplo histórico de la estrategia de inversión pasiva recomendada se ha construido con base en esas rentabilidades.

encadena varios ejercicios de rentabilidades negativas; la burbuja tecnológica del año 2000 puede verse como una situación parecida, pero más radical, que la que vivimos en 2024 y a principios de 2025), incluye la crisis financiera de 2008 (la más grave desde la Gran Depresión de Estados Unidos), las distorsiones económicas causadas por el COVID-19 y el ajuste de las valoraciones bursátiles experimentado en 2022 como consecuencia de las rápidas subidas de tipos de interés acometidas por los principales bancos centrales para controlar la inflación. Es decir, el ejemplo propuesto representa un caso práctico en que el punto de partida (la burbuja tecnológica del año 2000) y el punto de finalización (en 2022 el S&P 500 cayó casi un 20 por ciento) de la estrategia distan mucho de ser puntos óptimos de principio y final.

Tabla 3.1. Resultado histórico de la estrategia de inversión pasiva recomendada (1999-2022)

Con inversiones anuales de 1.000 $		Con inversiones anuales de 10.000 $	
Resultado estrategia	**1999-2022**	**Resultado estrategia**	**1999-2022**
Inversión inicial	23.000 $	Inversión inicial	230.000 $
Patrimonio final	76.529 $	Patrimonio final	765.288 $
Rentabilidad total	233 %	Rentabilidad total	233 %
Inversión inicial	19.359 €	Inversión inicial	193.591 €
Patrimonio final	71.489 €	Patrimonio final	714.888 €
Rentabilidad total	269 %	Rentabilidad total	269 %

Fuente: Elaboración propia.

A continuación, se puede observar el resumen de la rentabilidad anual acumulativa que cada inversión de la estrategia habría obtenido desde que fue realizada hasta el 31 de diciembre de 2022, y la rentabilidad media de las veintitrés inversiones que conforman la estrategia. La rentabilidad anual del conjunto de la estrategia, medida como su tasa interna de retorno (TIR), habría sido del 9 por ciento.

Tabla 3.2. Rentabilidad anual acumulativa de las inversiones del ejemplo histórico de la estrategia de inversión pasiva recomendada (1999-2022)

Inversión	Plazo inversión (años)	Rentabilidad anual acumulativa
1.ª inversión	23	6,2 %
2.ª inversión	22	7,0 %
3.ª inversión	21	7,9 %
4.ª inversión	20	9,7 %
5.ª inversión	19	8,8 %
6.ª inversión	18	8,7 %
7.ª inversión	17	8,9 %
8.ª inversión	16	8,5 %
9.ª inversión	15	8,7 %
10.ª inversión	14	13,1 %
11.ª inversión	13	12,1 %
12.ª inversión	12	11,9 %
13.ª inversión	11	12,8 %
14.ª inversión	10	12,5 %
15.ª inversión	9	10,5 %
16.ª inversión	8	10,1 %
17.ª inversión	7	11,4 %
18.ª inversión	6	11,3 %
19.ª inversión	5	9,4 %
20.ª inversión	4	13,1 %
21.ª inversión	3	7,6 %
22.ª inversión	2	2,6 %
23.ª inversión	1	–18,2 %
Promedio	23	8,5 %

Fuente: Elaboración propia.

Como es lógico, las inversiones realizadas en años en los que la valoración de la bolsa era menos atractiva (aquellas concentradas alrededor de la burbuja tecnológica del año 2000, cuando el S&P 500 cotizaba a PER de cerca de 30×) acabarían generando peores rentabilidades (del 6 o 7 por ciento anual) que las de los años en que la bolsa cotizaba más barata (las inversiones iniciadas tras la crisis de 2008, cuando el S&P 500 cotizaba a PER inferior a 15×, habrían generado rentabilidades de en torno al 13 por ciento anual acumulativo).

En el ejemplo también se aprecia cómo el principal riesgo de la estrategia, que un mal punto de partida y un mal punto de finalización penalicen su resultado, queda neutralizado gracias a una correcta ejecución de las inversiones que la conforman (inversiones periódicas durante un horizonte temporal extenso). La rentabilidad final del 9 por ciento anual es más que satisfactoria, especialmente teniendo en cuenta que 1999 era un mal año para invertir en el S&P 500 y que el punto de llegada tampoco era óptimo (la bolsa cayó con fuerza en 2022).

Si en vez de haber periodificado las inversiones de la estrategia, hubieras concentrado la inversión en 1999 (¡un mal punto de partida!), tu rentabilidad final habría sido del 6 por ciento anual (peor que el 9 por ciento de la estrategia ejecutada de forma periódica y muy por debajo de la media histórica del 10 por ciento que ha generado el S&P 500).

Evidentemente, si consideras que tienes el conocimiento suficiente para ello, puedes intentar optimizar la estrategia. Por ejemplo, si llega un momento de pesimismo en los mercados y valoraciones bursátiles atractivas (y eres capaz de identificarlo), puedes aprovecharlo con un aumento coyuntural del tamaño de las inversiones de la estrategia; si, por el contrario, identificas una gran burbuja especulativa y estás seguro de que las valoraciones a las que cotiza la bolsa son injustificables, puedes reducir tus inversiones hasta que se normalice la situación. De todas formas, no te preocupes, no es necesario optimizar el *timing* ('momento de realización') de las inversiones de la estrategia para que ésta funcione a largo plazo (como puedes comprobar en el ejemplo histórico analizado); lo verdaderamente importante es ejecutarla pronto y de forma disciplinada durante muchos años. Como bien decía Charlie Munger, «El dinero de verdad no se gana comprando y vendiendo, sino esperando».

Es muy importante que lleves a cabo la estrategia durante un período largo. Cuanto más, mejor; mejor veinte años que diez, y mejor treinta que veinte. Cuanto mayor sea el plazo en que ejecutes las inversiones de la estrategia, más se asemejará tu rentabilidad final a la media generada por el S&P 500 a lo largo del tiempo. Como vimos, cuanto mayor es el intervalo temporal, más se parecen las rentabilidades de la bolsa a la suma de los dividendos más el crecimiento de los beneficios de las empresas que la conforman, y menos relevancia tiene la variación de la valoración de la bolsa (medida como la variación de su PER). Es decir, a corto plazo, es más relevante el precio de compra que lo que se compra por ese precio, pero a largo plazo lo verdaderamente importante es estar invertido en un activo de calidad (el precio de compra pasa a ser un factor secundario).

Si extiendes la duración de la estrategia en el tiempo, y la ejecutas periódicamente, reducirás al máximo el riesgo de que malos puntos de inicio y finalización condicionen su resultado final. Por tanto, para garantizar el éxito de la estrategia, es fundamental realizarla de forma disciplinada (periódicamente) y paciente (durante un período de tiempo largo).

Esta estrategia de inversión pasiva es especialmente atractiva para el inversor joven, ya que, al estar orientada hacia la obtención de rentabilidades medias (pero no extraordinarias) con bajo riesgo, es importante extender lo máximo posible el horizonte temporal para que su resultado final sea de verdad bueno; un mayor horizonte temporal supone una gran ventaja gracias a la fuerza del interés compuesto en el tiempo.

Por si esto no hubiera quedado todavía del todo claro, pondré un último ejemplo sobre la importancia de alargar el horizonte temporal de una inversión para aprovechar al máximo la «magia» del interés compuesto:

Imagina dos inversores:

- Almu: es joven y ha leído este libro, por lo que sabe que tiene que empezar a invertir pronto para beneficiarse del efecto del interés compuesto en el tiempo. Por tanto, empieza a invertir con 25 años, e invierte 5.000 euros anuales durante diez años. Tras cumplir los treinta y cinco, cambian sus circunstancias vitales (por ejemplo, forma una familia y sus gastos se multiplican) y no es capaz de realizar ninguna inversión adicional hasta los 65 años (simplemente, mantiene invertidas sus inversiones previas).

- Aitor: tiene la mala suerte de no haber leído antes este libro, por lo que sólo es capaz de poner en práctica lo aprendido a partir de los 35 años. Sin embargo, tiene una situación financiera más holgada que Almu, por lo que invierte 5.000 euros anuales durante treinta años (en vez de invertir 50.000 euros durante diez años, invierte 150.000 euros durante treinta años).

¿Quién acumulará un mayor patrimonio al llegar a los 65 años de edad, si suponemos que las inversiones de ambos generan un 8 por ciento anual acumulativo?:

Gráfico 3.1. La importancia de empezar a invertir pronto

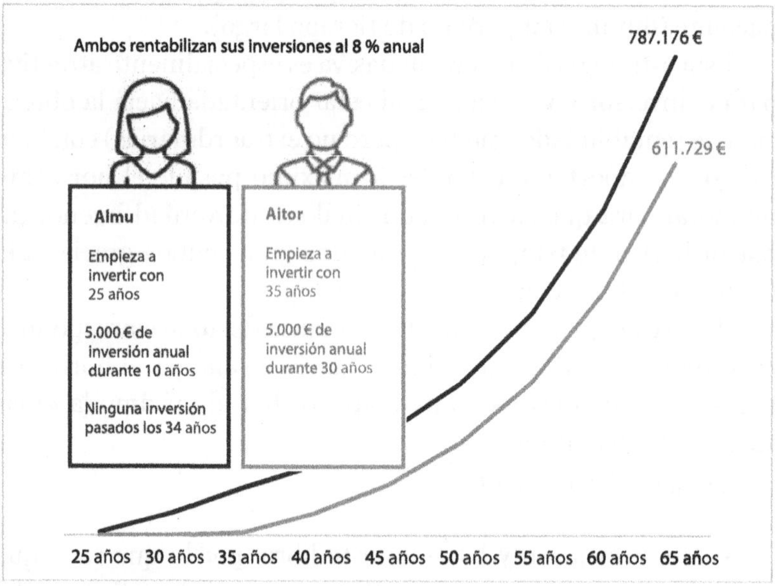

Fuente: Elaboración propia.

Aunque a los dos les hubiera ido muy bien, al cumplir 65 años, Almu acumulará un patrimonio considerablemente superior (unos 175.000 euros más) al de Aitor, incluso habiendo invertido un capital inicial mucho menor (50.000 euros frente a los 150.000 euros de Aitor).

Si eres joven, tienes una ventaja importante como inversor... ¡No la desaproveches!

La estrategia de inversión pasiva que te propongo, y que Warren Buffett te recomienda,[24] supone una solución fácil y cómoda para que rentabilices tu dinero a largo plazo minimizando al máximo el esfuerzo requerido por la inversión bursátil y los riesgos inherentes a ella. Con esta estrategia obtendrás la rentabilidad del S&P 500 y batirás a la mayoría de los gestores e inversores profesionales y particulares.

Cuatro factores condicionarán el resultado final de la estrategia; dos de ellos dependen de ti y dos son externos (e incontrolables). Los dos factores que dependen de ti son la paciencia y la disciplina que demuestres a la hora de ejecutar la estrategia. Los dos factores externos son la salud del capitalismo en el mundo y el grado de prosperidad económica que gocen las mayores empresas estadounidenses a lo largo del tiempo.

Si el capitalismo colapsara y las mayores compañías de Estados Unidos (y, por tanto, del mundo) dejaran de prosperar, la estrategia no funcionaría. La probabilidad de que esto pase es, evidentemente, muy baja y, además, en caso de suceder... ¿Importaría que la estrategia no hubiese funcionado? ¿Acaso tenías una alternativa mejor? ¡Las consecuencias serían desastrosas! El riesgo de que el capitalismo deje de funcionar lo corres aunque no inviertas en bolsa...

Si el capitalismo continúa funcionando, las mayores empresas estadounidenses (en su mayoría multinacionales ligadas a la economía global, y no sólo a la de Estados Unidos) prosperarán, y si esto sigue sucediendo, el éxito de la estrategia sólo depende de ti: si la implementas de forma disciplinada a lo largo de un

24. En el anexo 1, al final del libro, puedes ver varias citas donde Warren Buffett aconseja la estrategia de inversión periódica en el S&P 500.

período temporal largo, las probabilidades de que rentabilices tu patrimonio a tasas razonablemente buenas son muy altas. Si eres joven, además, juegas con ventaja.

Si quieres obtener tasas de rentabilidad superiores a las del S&P 500, el resto del libro tratará de explicar una filosofía de inversión que te ayudará a conseguirlo. Si vas a intentarlo, debes tener una estrategia sólida, así como el conocimiento técnico, el temperamento y el tiempo necesarios para conseguirlo.

Si, por el contrario, la inversión bursátil no es un campo que te interese demasiado, y no disfrutas del proceso requerido para analizar y valorar empresas (lo cual es fundamental), no es necesario que leas el resto de los capítulos de este libro; en ese caso, la estrategia de inversión pasiva ya expuesta es la que deberías poner en práctica... De hecho, es la que debería seguir la mayoría de los inversores particulares e institucionales. Al fin y al cabo, como dice Buffett, la inversión en bolsa no es como la prueba olímpica de salto sincronizado, donde te dan más puntos por realizar un salto más complejo técnicamente; como inversor, no generarás puntos adicionales de rentabilidad por el mero hecho de complicar tus operaciones bursátiles.

4

Value investing: la filosofía que debe guiar tu estilo de inversión

Ya hemos visto que la inversión pasiva es la mejor alternativa disponible para una persona que, habiendo decidido invertir en bolsa para rentabilizar su patrimonio a largo plazo, no tenga ni el conocimiento ni el tiempo necesarios para gestionar sus propias inversiones. En ese caso, aportar capital de forma periódica, y con un horizonte temporal extenso, a un fondo indexado que replique el S&P 500 es una estrategia de inversión inteligente que promete generar rentabilidades buenas de una forma prudente. Pero ¿y si consideras que puedes hacerlo mejor?, ¿y si crees que puedes obtener rentabilidades superiores a las del S&P 500?

Es razonable que intentes optimizar tus rentabilidades, sin limitarte a obtener aquellas generadas por la bolsa estadounidense en su conjunto. Además, ¡es más interesante y entretenido! La inversión bursátil es un campo atractivo e intelectualmente estimulante; se trata de «un juego» sin final debido a que el mundo está en constante cambio (lo que ayer funcionó no tiene por qué funcionar mañana; el esfuerzo de los inversores por resolver el puzle de la inversión modifica el propio puzle, obligando al inversor a buscar nuevas soluciones), ya que no existe una fórmula mágica que nos lleve al éxito.

Si buscas generar rentabilidades extraordinariamente buenas, el comúnmente conocido (aunque no siempre bien entendido) como *value investing* es la filosofía que debe guiar tu estilo de inversión; la inmensa mayoría de los inversores que han batido al S&P 500 en períodos largos de tiempo son adeptos a ella. Su origen lo encontramos en Benjamin Graham (posteriormente, ha sido desarrollada y perfeccionada por otros grandes inversores, de entre los cuales destaca Warren Buffett, el inversor más popular y carismático que ha habido). El *value investing* puede no ser la única vía para obtener rentabilidades superiores a las del mercado a largo plazo, pero es probable que sí sea la única que puede ser aplicada con éxito por una persona corriente (sin necesidad de una inteligencia fuera de lo común ni de recursos extraordinarios, sin asumir riesgos excesivos a través del endeudamiento ni de productos financieros complejos, etc.).

Además de una filosofía de inversión correcta, para invertir en bolsa exitosamente necesitas una estructura psicológica y emocional determinada. Debes contar con la capacidad de adaptación necesaria para prosperar en el complejo y cambiante sistema económico en el que vivimos. También, y de forma simultánea, debes tener independencia de criterio y la disciplina suficiente como para no alejarte de tu filosofía de inversión ni caer en comportamientos gregarios (tan característicos de la comunidad financiera) que resultarían perjudiciales para la rentabilidad de tus inversiones.

Para hacer algo bien, da igual en qué ámbito de la vida, es fundamental el punto de partida; sin un enfoque inicial correcto es difícil, por no decir imposible, obtener un resultado final óptimo. Tener una filosofía de inversión buena no te garantiza rentabilizar tus inversiones de forma adecuada, pero si no cuentas con ella, es imposible que tus resultados sean buenos de forma consistente. En cierta ocasión, el inversor Shelby Cullom Davis dijo a su nieto Chris que había hecho bien en estudiar Filosofía y Teología, ya que, para ser un buen inversor, se requieren dos cosas: una filosofía de inversión sólida y rezar como un condenado. Y, como decía Benjamin Franklin, «Dios ayuda a quien se ayuda a sí mismo»,[25]

25. Walter Isaacson, *Benjamin Franklin: an American life*, Simon & Schuster Paperbacks, Estados Unidos, 2003.

así que ¡más te vale empezar por desarrollar una filosofía de inversión adecuada!

En el presente capítulo explicaré de forma teórica en qué consiste el *value investing*. El resto del libro, por el contrario, tendrá un carácter más práctico: en él ejemplificaré los principios básicos de esta filosofía de inversión ayudándome de una serie de inversiones reales; para ello partiré de mi propia experiencia como inversor y analizaré algunas inversiones personales que creo que, además de reflejar la aplicación práctica del *value investing*, pueden ayudarte a comprender mejor dicha filosofía y a aprender a ponerla en práctica exitosamente.

No debes perder de vista que lo que de verdad importa de esta segunda parte del libro no son los ejemplos prácticos que explicaré, sino los principios básicos subyacentes de una filosofía de inversión que puede y debe adaptarse a unas circunstancias en constante cambio. En palabras de Benjamin Graham: «Lo principal es tener los principios básicos correctos y el carácter para no alejarse de ellos».[26]

4.1. *VALUE INVESTING*

«Toda inversión inteligente es *value investing*», afirmaba Charlie Munger. El *value investing*, básicamente, consiste en recibir más valor que el precio pagado en la compra de un activo, es decir, en comprar acciones de una empresa (en este caso, aunque puede aplicarse a diferentes clases de activos financieros o reales) a un precio inferior a su valor intrínseco. El precio y el valor de una acción no tienen por qué coincidir; precio es lo que el inversor paga y valor lo que recibe a cambio del precio pagado.

El *value investing* suele ser malinterpretado; gran parte de la comunidad financiera identifica dicha filosofía de inversión con la compra de acciones a multiplicadores de valoración bajos (generalmente, acciones de empresas mediocres que cotizan a

26. Benjamin Graham, «A Conversation with Benjamin Graham», *Financial Analysis Journal*, 32, 5, (1976), pp. 20-23.

valoraciones aparentemente atractivas: PER inferior a 10×, P/VC[27] inferior a 1×, etc.). Esta concepción es errónea, al igual que la contraposición entre los denominados estilos de inversión *value* y *growth*;[28] el crecimiento, simplemente, es una variable más dentro del conjunto de los factores que determinan el valor de una empresa. En palabras de Warren Buffett: «Aquellos gestores de inversiones que se refieren a *growth* y *value* como dos estilos de inversión contrapuestos están demostrando su ignorancia, no su grado de agudeza. El crecimiento es simplemente un componente (habitualmente positivo, a veces negativo) de la valoración».[29]

Como dije, el *value investing* consiste en la adquisición de acciones a precios inferiores a su valor real. Al comprar acciones a precios que cuenten con un descuento significativo frente a su valor intrínseco, el inversor minimiza el riesgo asumido (la potencial pérdida del capital comprometido), ya que, a largo plazo, el precio de una acción tiende a converger con su valor y, al mismo tiempo, maximiza su rentabilidad potencial (la expectativa de rentabilidad del inversor que compra por 70 dólares una acción cuyo valor es 100 dólares y que, por ejemplo, reparte un dividendo anual de 10 dólares, es superior a la del inversor que compra esa misma acción por 90 dólares).

Es decir, el verdadero inversor maximiza sus rentabilidades a medida que minimiza el riesgo que asume. La concepción del binomio financiero riesgo-rentabilidad enseñada en las institu-

27. P/VC es el multiplicador de cotización de una acción frente al valor contable de sus recursos propios. Se calcula como el cociente de la capitalización bursátil de una empresa y su patrimonio neto contable.

28. *Value* ('valor') y *growth* ('crecimiento') suelen ser las etiquetas que la comunidad financiera utiliza para contraponer la inversión en acciones de empresas maduras cuyos beneficios apenas crecen (y que, por ello, suelen cotizar a multiplicadores bajos) con la inversión en acciones cuyos beneficios se expanden a ritmos superiores (y que, como consecuencia, suelen cotizar a multiplicadores más elevados).

29. Warren Buffett, «Letter to the shareholders», Berkshire Hathaway Inc., 28 de febrero de 2001, <https://www.berkshirehathaway.com/letters/2000pdf.pdf>.

ciones académicas (que afirma que sólo puede obtenerse una mayor rentabilidad asumiendo un mayor riesgo) pierde validez en el campo de la inversión; la ecuación fundamental para invertir de forma exitosa en bolsa es la siguiente:

A menor riesgo = Mayor rentabilidad

El *value investing* se fundamenta principalmente en tres pilares: la actitud del inversor con respecto al objeto de su inversión (en este caso, las acciones de una empresa cotizada), la actitud del inversor con respecto al mercado y el margen de seguridad que el inversor exige antes de comprometer su capital en una inversión. Dichos factores determinarán, en gran medida, la actuación del inversor en bolsa y son claves para el éxito de sus inversiones.

4.2. La actitud del inversor con respecto al objeto de su inversión

Para el verdadero inversor, una acción representa una participación en el capital de una empresa (el accionista es su dueño y, como consecuencia, le corresponde una parte de sus activos y pasivos). Sin embargo, para el especulador, una acción no es más que un trozo de papel (actualmente, una anotación en cuenta) que puede comprar y vender de forma instantánea. El inversor analiza la capacidad de generación de beneficios y la fortaleza financiera de una empresa concreta para determinar el atractivo de la inversión en cuestión, mientras que el especulador trata de predecir la evolución de las cotizaciones para anticiparse a sus fluctuaciones. Si el inversor busca rentabilizar su inversión a través de los flujos de caja generados por una empresa, y explotando las diferencias entre el precio y el valor de sus acciones, el especulador sólo trata de anticiparse a los movimientos de la cotización de una acción.

La mayoría de los participantes del mercado bursátil son especuladores (no inversores), lo que se evidencia en el hecho de que, hoy en día, el período medio de tenencia de una acción en la bolsa estadounidense es de tan sólo unos pocos meses. Este contexto favorece al inversor como agente anacrónico y aventajado del mercado bursátil que, gracias a su actitud y a su capacidad de análisis, conseguirá posicionarse en el lado adecuado de una determinada transacción bursátil para aprovechar oportunidades de inversión que, en otro tipo de circunstancias, no se le presentarían.

El inversor compra acciones de empresas cuyo negocio entiende; no basta con saber qué hace una empresa, sino que es necesario interpretar y saber valorar los principales factores que determinarán su evolución operativa y financiera. Para determinar el atractivo de una compañía hay que saber valorarla, y sólo se puede valorar algo que se comprende; por ello es tan importante el concepto de *circle of competence*. Como dice Buffett, lo importante no es el tamaño del perímetro de dicho círculo, sino saber dónde está su límite y tener la disciplina de mantenerse dentro de él.

El inversor debe priorizar el análisis de aquellas empresas con las que, por ejemplo, interactúa como cliente de forma habitual en su vida cotidiana, ya que eso le permitirá comprender mejor el negocio de la compañía que está estudiando y llegar a una conclusión acertada acerca del atractivo de sus acciones.

La bolsa siempre acaba poniendo a prueba al inversor, y lo único que le permitirá tomar decisiones racionales en momentos de presión (por ejemplo, cuando las acciones que compró caigan un 50 por ciento o más) es el grado de conocimiento que tenga de sus inversiones.

Es difícil distinguir la suerte de la habilidad en medio de mercados bursátiles alcistas; sin embargo, en períodos de pánico bursátil es cuando se demuestra quién es un buen inversor y quién no... Como dice Buffett: «Sólo cuando baja la marea se da uno cuenta de quién se estaba bañando desnudo».[30] El inversor que de

30. Claire Zillman y Alan Murray, «One of Warren Buffett's most famous sayings is about to come true», *Fortune*, 3 de octubre de 2022, <https://fortune.

verdad comprende la empresa en la que ha invertido sabrá si, en caso de caer la cotización de sus acciones, debe incrementar su inversión en ella o si, por el contrario, debe venderla y asumir pérdidas; por el contrario, si no comprende las acciones en las que invirtió, y su cotización se desploma, acabará malvendiéndolas.

Sólo el inversor que haya hecho un análisis riguroso de las acciones adquiridas podrá actuar racionalmente en el mercado bursátil en contextos de estrés financiero.

4.3. La actitud del inversor con respecto al mercado

El verdadero inversor tiene una actitud determinada hacia el mercado. Como dice Buffett, el mercado está para servirle, no para instruirle; la fluctuación de las cotizaciones no debe guiar su comportamiento, sino que sólo debe ser un instrumento que le permita aprovechar oportunidades de inversión. A largo plazo, la evolución de la cotización de una empresa está íntimamente ligada a la evolución de su valor. Sin embargo, a corto plazo, el mercado es irracional y crea oportunidades de inversión; con frecuencia, las acciones de una empresa cotizan por encima o por debajo de su valor real.

Como decía Benjamin Graham: «A corto plazo, el mercado bursátil es una máquina de votar, mientras que a largo plazo es una máquina de pesar»;[31] a corto plazo, las opiniones de los participantes del mercado determinan el precio de una acción (que fluctuará en función del optimismo y pesimismo del mercado) pero, a largo plazo, son los fundamentos económicos del negocio subyacente los que rigen sobre su cotización.

Entre 2016 y 2020, el conjunto de las acciones del S&P 500 mostró una diferencia media entre sus precios máximos y míni-

---

com/2022/10/03/warren-buffett-famous-quotes-swimming-naked-interest-rates-debt-zombies/>.

31. Benjamin Graham y David Dodd, *Security Analysis*, Deusto, Barcelona, 2023.

mos, durante un año natural, de un 35 por ciento,[32] mientras que, como es evidente, el valor intrínseco de la típica gran empresa estadounidense, en un plazo temporal tan reducido, no experimentará con frecuencia oscilaciones tan grandes (los beneficios del S&P 500 crecen a un ritmo del 5 o el 6 por ciento, por lo que, en ausencia de variaciones significativas de tipos de interés, su valor aumentará a un ritmo similar al de sus beneficios).

La divergencia observada, a corto plazo, entre la volatilidad de las cotizaciones de las acciones y el cambio experimentado por su valor real se debe a que la mayoría de los participantes del mercado se dejan llevar por sus emociones. Gran parte de los errores que los inversores cometen en bolsa se debe a que operan bajo la perniciosa influencia que las cotizaciones tienen sobre su estado de ánimo (y que provocan euforia, miedo...), y no se fundamentan en decisiones racionales. En cambio, el verdadero inversor actúa racionalmente, con base en un minucioso análisis de la relación existente entre la cotización y el valor de una empresa, y de las rentabilidades futuras que espera obtener comprando sus acciones a un determinado precio.

En la cotización de las acciones de una empresa en un momento determinado están descontadas las expectativas del consenso de la comunidad financiera en relación con la evolución operativa y financiera de la compañía en cuestión. Si las previsiones del mercado son demasiado optimistas, aunque la evolución operativa futura de la empresa sea buena, la evolución de la cotización de sus acciones puede ser decepcionante. Por ejemplo, el beneficio por acción de Cisco entre los años 2000 y 2024 se multiplicó por siete, mientras que la cotización de sus acciones a cierre de 2024 era cerca de un 25 por ciento inferior al máximo que alcanzaron en marzo de 2000 (momento en que el mercado otorgó a Cisco una valoración totalmente injustificable, dejándose llevar por el optimismo desenfrenado que caracterizó a la burbuja tecnológica de finales del siglo xx). Como dice mi padre, que es un fanático de los documentales de alpinismo (¡aunque

32. «How we think about cash», Akre Capital Management, 11 de abril de 2024, <https://www.akrecapital.com/how-we-think-about-cash/>.

parezca mentira!), cuando compras una acción a PER alto es como estar en la *dead zone* ('zona de muerte'), es decir, en altitudes superiores a los 7.500 metros, en las cuales cualquier imprevisto puede resultar fatal.

La mejor alternativa de la que dispones para generar rentabilidades extraordinarias a largo plazo es la compra de acciones de empresas de calidad y crecimiento a precios de ganga (deprimidos, generalmente, por algún problema transitorio que la comunidad financiera magnifica). Sin embargo, la mayoría de los participantes del mercado bursátil se olvida de que dicha alternativa está compuesta por dos factores: calidad y precio; no basta con comprar acciones de empresas buenas (aquellas que generan ratios de rentabilidad sobre capital empleado y ritmos de crecimiento de beneficios superiores a la media), además hay que comprarlas a precios atractivos (inferiores a su valor). Cisco era, y es, una buena empresa, pero su cotización no era atractiva en el año 2000 (PER de más de 200×).

Por el contrario, cuando las expectativas del consenso reflejan un pesimismo excesivo acerca del futuro de las acciones de una compañía, es posible que estén infravaloradas. Aunque su evolución operativa futura diste de ser brillante, la rentabilidad que genere su cotización puede serlo si la evolución operativa y financiera de la empresa es mejor que las pesimistas expectativas iniciales del consenso.

Es decir, la clave para generar rentabilidades extraordinariamente buenas consiste en mantener una visión diferente a la predominante (no necesariamente opuesta), y que dicha visión sea correcta. El consenso se asemeja, por definición, a un rebaño de ovejas y, por tanto, carece de un pensamiento crítico profundo (ten cuidado, sus opiniones suelen parecer lógicas, pero ¡no tienen por qué ser correctas!).

Como decía Philip Fisher, pionero de la inversión en acciones de empresas de calidad y crecimiento, en su famoso libro *Common Stocks and Uncommon Profits*: «La única prueba válida para saber si una acción está barata o cara no consiste en comparar su cotización actual y pasada, sin importar cuán acostumbrados estemos al precio pasado, sino en analizar si los fundamentos de la empresa son significativamente más, o menos, favorables que la valoración que la comunidad financiera hace de la acción».[33]

El inversor debe contar con criterio propio y ser capaz de no dejarse llevar por la opinión de los demás. Además, debe valorar la compañía en la que invierte con mayor precisión que la comunidad financiera; sólo así podrá invertir en acciones de empresas cuyas características fundamentales sean sustancialmente mejores que la visión que el consenso tiene acerca de ellas.

4.4. El margen de seguridad

«Para resumir el secreto de una buena inversión en tres palabras nos inclinamos por el lema: margen de seguridad»,[34] afirmaba Benjamin Graham.

El verdadero inversor se protege de la incertidumbre con un determinado margen de seguridad. El valor intrínseco de una empresa es una estimación, no una certeza (ya que depende del futuro), y, además, es dinámico, no estático, lo que complica aún más el trabajo del inversor. Un ingeniero que tiene que diseñar un puente por el que van a pasar trenes de x toneladas no hará uno que solamente pueda soportar x toneladas de peso, sino que exigirá un margen de seguridad considerable (quizá pase sobre él un vehículo de mayor peso, sus cálculos pueden ser imprecisos, los materiales se deterioran, etc.). Del mismo modo, el verdadero inversor sólo comprará acciones de una empresa a precios que cuenten con un margen de seguridad suficiente con respecto del valor estimado de la compañía; un margen que absorba imprevistos o errores de cálculo en su análisis, y que, por tanto, minimice el riesgo de la inversión (el riesgo de una pérdida permanente de capital).

No hay que olvidar que aplicar un margen de seguridad tiene un doble efecto positivo para el inversor: le permite minimizar el riesgo de una inversión al mismo tiempo que maximiza su renta-

33. Philip A. Fisher, *Common stocks and uncommon profits and other writings*, John Wiley & Sons, Estados Unidos, 1957.

34. Benjamin Graham, *El inversor inteligente*, Deusto, Barcelona, 2022.

bilidad potencial. En palabras del inversor indio-estadounidense Mohnish Pabrai: «Cuanto mayor es el descuento frente al valor intrínseco, menor el riesgo. Cuanto mayor es el descuento frente al valor intrínseco, mayor la rentabilidad».[35]

Los tres pilares fundamentales del *value investing* mencionados comparten ciertas premisas básicas: que una empresa tiene un determinado valor intrínseco (que deriva de la capacidad de generación de beneficios de los activos de la compañía), que la cotización de las acciones de una empresa no tiene por qué reflejar su valor (en el corto plazo esto resulta evidente, ya que la cotización de una acción suele fluctuar más que el valor de su negocio subyacente), y que el inversor ha de saber valorar una empresa, para poder, así, aprovechar en su propio beneficio las ineficiencias del mercado (por ejemplo, comprando sus acciones cuando la cotización sea sustancialmente inferior a su valor estimado).

Llegado este punto, conviene hablar acerca de cómo valorar empresas. El valor de una empresa es el valor presente de sus flujos de caja futuros, es decir, la suma de sus flujos de caja futuros descontados a un determinado tipo de interés (un tipo de interés que refleje el coste de oportunidad[36] inherente a la realización de la inversión). Dicho tipo de interés, o coste de oportunidad, hará comparables los flujos de caja más alejados en el tiempo con los más inmediatos (lo que se conoce como el valor temporal del dinero; no valen lo mismo 100 euros ganados hoy que 100 euros ganados dentro de diez años).

El método de valoración por descuento de flujos de caja es teóricamente correcto y es el enseñado en todas las instituciones académicas. Sin embargo, su utilidad práctica es limitada; como dice el profesor Bruce Greenwald: «Podemos decir, sólo parcialmente en broma, que el valor práctico de un análisis basado en cálculos de valor presente debe ser, también, descontado».[37] De hecho,

35. Mohnish Pabrai, *El inversor dhandho*, Deusto, Barcelona, 2019.

36. Coste de oportunidad: es el valor de la alternativa más atractiva que se rechaza al tomar una determinada decisión de inversión.

37. Bruce Greenwald, *et al.*, *Invertir en valor. De Graham a Buffett y más allá*, Valor Editions de España, Barcelona, 2017.

tanto Warren Buffett como Charlie Munger, dos de los mejores inversores de la historia, han reconocido en múltiples ocasiones no haber realizado nunca un descuento de flujos de caja (a pesar, incluso, de afirmar que se trata del enfoque teórico correcto).

La fórmula para valorar una empresa es simple, pero valorar una empresa no lo es. La principal dificultad que conlleva una valoración estriba en la incertidumbre inherente al futuro; la precisión a la hora de estimar los flujos de caja futuros de una compañía no es más que una ilusión. Por suerte para el inversor, a la hora de valorar una empresa, la precisión no es necesaria; el inversor sólo tiene que determinar si el valor de la compañía que va a comprar es sustancialmente superior a su cotización (para lo que no hace falta hacer ningún cálculo matemático complejo; no hace falta Excel).

No creo que este libro deba tratar de complejidades contables, ni adentrarse en profundidad en distintos métodos de valoración; si te interesa aprender más acerca de diferentes técnicas de valoración, y de cómo y cuándo conviene aplicar cada una, te recomiendo leer la segunda edición de *Value Investing: From Graham to Buffett and Beyond*, del profesor Greenwald. De todas formas, no necesitas ser ningún experto en técnicas de valoración para invertir bien tu dinero; para determinar si el precio de una acción es significativamente inferior a su valor no hace falta hacer casi ningún cálculo, tan sólo hay que realizar un análisis cualitativo correcto y estimar el atractivo de la oportunidad de forma aproximada. Buffett, en alguna ocasión, ha afirmado que, si no eres capaz de calcular el atractivo de una oportunidad de inversión a ojo, significa que ésta no es suficientemente atractiva.

Todd Combs, gestor de inversiones en Berkshire Hathaway (el conglomerado controlado por Warren Buffett), dijo en una entrevista que muchos fines de semana discute posibles inversiones en casa de Buffett y que, frecuentemente, utilizan el siguiente test como filtro: «Warren suele preguntar: ¿Cuántas compañías del S&P 500 cotizan a menos de PER 15× sobre su beneficio del próximo año? ¿Cuántas obtendrán un beneficio mayor dentro de cinco años con una probabilidad del 90 por ciento? ¿Cuántas crecerán más de un 7 por ciento anual con un 50 por ciento de probabilidades?».[38] Dicho test, según Combs, fue el que utilizaron antes de invertir en Apple en 2016 (la inversión de Berkshire en Apple ha sido una de las más exitosas de la historia de Berkshire, generando plusvalías de más de 150.000 millones de dólares para la compañía).

Básicamente, esto nos indica que Buffett busca invertir en acciones que «prometan» rentabilidades futuras de más del 13 por ciento (*earnings yield* del 6,5 por ciento más un crecimiento a largo plazo del 7 por ciento anual). Se puede deducir, por tanto, que Buffett sólo está dispuesto a comprometer el capital de Berkshire Hathaway en acciones cuando su expectativa de rentabilidad cuenta con un importante margen de seguridad frente a los tipos de interés (la rentabilidad media histórica del bono estadounidense a diez años ha sido de en torno al 6 por ciento) y a un coste de oportunidad del 10 por ciento (rentabilidad histórica generada por la bolsa de Estados Unidos).

La sencillez que caracteriza este enfoque, planteado por uno de los mejores inversores de la historia, demuestra que, a la hora de invertir, la complejidad matemática es irrelevante; lo importante es la actitud del inversor, la precisión de su análisis cualitativo y el margen de seguridad con que cuente su precio de compra.

En los siguientes capítulos se analizarán diferentes ejemplos de inversiones reales, y podrás ver cómo la precisión es innecesaria a la hora de valorar empresas en las que puedes invertir tu dinero con garantías en cuanto a la recuperación del capital invertido y a la generación de tasas de rentabilidad adecuadas (que más que compensen el riesgo asumido).

Dichos ejemplos mostrarán la aplicación práctica del *value investing*; te ayudarán a comprender los principios básicos (ya explicados de forma teórica) de dicha filosofía de inversión, y a aprender a utilizarlos de forma eficaz en tus propias inversiones.

38. «Graham & Dodd's Annual Breakfast in 2022. Guest Speaker: Todd Combs, Moderator: Michael Mauboussin», *Investment Management Insights*, 4 de noviembre de 2022.

5

Meta Platforms (Facebook), un caso paradigmático

5.1. Meta Platforms y mi decisión de compra

Meta Platforms, a través de sus redes sociales (Facebook, Instagram y WhatsApp), posee uno de los dos mayores negocios publicitarios del mundo (solamente superado en tamaño, hasta ahora, por Alphabet, la empresa propietaria de Google, YouTube y Android).

A finales de enero de 2022, la cotización de Meta Platforms era de 300 dólares por acción. Dicho precio equivalía a una capitalización bursátil[39] de casi 850.000 millones de dólares. Los resultados operativos de la compañía eran excelentes; el crecimiento de ingresos y beneficios de Meta era muy superior al de la economía mundial, sus márgenes y ratios de rentabilidad eran envidiables, y su posición financiera, saneada. El consenso de analistas de Bloomberg (en el que están representados todos los grandes bancos de inversión y las principales casas de análisis) era optimista de forma casi unánime: la valoración media del consenso para la compañía era de 380 dólares por acción (que

39. Capitalización bursátil es el precio de mercado de una empresa; se calcula multiplicando la cotización por acción de la compañía por su número de acciones.

suponía un potencial de revalorización de más del 25 por ciento), y cerca del 80 por ciento de los analistas del consenso recomendaban comprar sus acciones; uno de los mayores bancos de inversión del mundo, cuyo nombre sustituiré por LVDC (siglas de «La Voz Del Consenso») a partir de ahora, no era la excepción (pero ya hablaré más adelante de LVDC).

No es de extrañar que la comunidad financiera tuviese una visión positiva de Meta Platforms, ni que valorase con optimismo sus buenas perspectivas económicas. Lo que sí debería llamar la atención del lector (y mucho) es la velocidad con la que dicha visión iba a cambiar para transformarse en un pesimismo excesivo que daría lugar a una de las mejores oportunidades de inversión de los últimos años.

El 28 de enero de 2022, tras publicar sus resultados del último trimestre de 2021, la cotización de Meta Platforms se desplomó más de un 20 por ciento. El anuncio mostraba una importante desaceleración en el crecimiento de ingresos de la compañía, una ligera caída del número de usuarios de su principal red social (Facebook) y una perspectiva de resultados poco halagüeña para 2022 (desaceleración adicional de su ritmo de crecimiento de ingresos y un aumento de inversiones que deteriorarían sustancialmente los márgenes de beneficio de la compañía).

Esta decepcionante publicación de resultados fue el detonante del cambio de actitud del mercado respecto al gigante tecnológico de las redes sociales; de la noche a la mañana, la comunidad financiera pasó de ver en Meta Platforms una empresa de calidad y alto crecimiento, a ver una en declive cuya posición competitiva estaba en entredicho. Como consecuencia de la caída bursátil, el mercado asignaba a Meta un PER modesto, de 17× (sobre su beneficio de 2021). Dicho multiplicador era significativamente inferior al PER medio histórico al que la compañía venía cotizando y, también, al PER de la bolsa estadounidense (el S&P 500 cotizaba a PER 24×).

Tabla 5.1. Principales magnitudes financieras de Meta Platforms y del S&P 500 (2017-2021)

Meta Platforms	2017	2018	2019	2020	2021	Promedio 2017-2021
Crecimiento de ventas	47 %	37 %	27 %	22 %	37 %	34 %
Beneficio neto/ ventas	39 %	40 %	26 %	34 %	33 %	34 %
Flujo de caja libre[40]/ beneficio neto	110 %	69 %	115 %	81 %	99 %	95 %
ROE	21 %	26 %	18 %	23 %	32 %	24 %
ROCE[41]	62 %	58 %	52 %	54 %	67 %	59 %
Recursos propios/ activos totales	88 %	86 %	76 %	81 %	75 %	77 %
Deuda financiera neta/EBIT[42]	−2,1	−1,7	−2,3	−1,9	−1,0	−1,8

S&P 500	2017	2018	2019	2020	2021	Promedio 2017-2021
Crecimiento de ventas	6 %	9 %	5 %	-3 %	12 %	6 %
Beneficio neto/ ventas	11 %	12 %	12 %	11 %	13 %	12 %
Flujo de caja libre/ beneficio neto	87 %	81 %	82 %	100 %	89 %	88 %

.../...

40. Flujo de caja libre es una medida del flujo de caja real que genera una compañía; se calcula ajustando el beneficio neto de la compañía por ingresos y gastos contables que no supongan ni entradas ni salidas de tesorería y restando el importe correspondiente a sus inversiones en activo circulante y activos fijos.

41. ROCE (siglas de *return on capital employed*, o rentabilidad sobre capital empleado) es una de las principales métricas de rentabilidad de una compañía; se calcula como el cociente entre el beneficio operativo y los recursos propios (ajustados por su posición de deuda financiera neta).

42. EBIT (siglas de *earnings before interests and taxes*, o beneficio antes de intereses e impuestos) es el beneficio operativo de una compañía (antes de resultados financieros y pago de impuesto de sociedades).

.../...

S&P 500	2017	2018	2019	2020	2021	Promedio 2017-2021
ROE	14 %	16 %	15 %	11 %	19 %	15 %
ROCE	14 %	15 %	13 %	11 %	18 %	14 %
Recursos propios/ activos totales	21 %	21 %	21 %	20 %	20 %	21 %
Deuda financiera neta/EBIT	2,1	2,1	2,8	2,7	1,4	2,2

Fuente: Elaboración propia a partir de Bloomberg e informes de resultados de Meta Platforms.

Tras la fuerte caída en bolsa, mi interés en las acciones de Meta Platforms se agudizó. Pensaba que, en caso de llegar a la conclusión de que los problemas de la compañía fueran coyunturales, sus acciones podían llegar a representar una oportunidad de inversión atractiva ya que cotizaban a un PER, en apariencia, bajo para una empresa de sus características (hasta entonces, Meta había experimentado un gran crecimiento de ventas y beneficios, manteniendo altas rentabilidades sobre el capital empleado en sus operaciones, lo que era señal de que se trataba, al menos hasta entonces, de una empresa de calidad; compañías de perfil similar, en el entorno de tipos de interés del momento, se valoraban a PER de más de 25×).

El santo grial del inversor es una empresa de calidad y crecimiento a precio de ganga. Dicha combinación permite al inversor optimizar la ecuación riesgo-rentabilidad (minimizando el riesgo y maximizando la rentabilidad) de una determinada inversión; cuanto mayor sea la calidad de la empresa en cuestión (mayor crecimiento, mayores márgenes de beneficio y ratios de rentabilidad sobre capital empleado, menor endeudamiento, etc.), menor será el riesgo asumido por el inversor que compre sus acciones y, también, mayor la rentabilidad potencial de su inversión. Si el inversor, además, compra acciones de dicha compañía a un precio inferior a su valor intrínseco, reducirá todavía más el riesgo asumido en la inversión y maximizará, al mismo tiempo, su rentabilidad esperada.

5.1.1. ¿Cómo aprovechar oportunidades de inversión?

Llevaba tiempo analizando el negocio de Meta Platforms gracias, en parte, a una serie de conversaciones con uno de mis mejores amigos, Guillermo Martín, que ya era accionista de Meta. Merece la pena destacar que lo que permite aprovechar una oportunidad de forma rápida y determinante no es más que el trabajo de análisis previamente realizado; si no estás preparado, no serás capaz de identificar, ni de aprovechar, las oportunidades de inversión que se te presenten.

Tanto en la bolsa como en otros aspectos de la vida, aprovechar una oportunidad importante puede marcar la diferencia y garantizar un futuro extraordinario. En un discurso reciente, Roger Federer dijo que, aunque había ganado un 80 por ciento de los 1.526 partidos de individuales que había jugado en su carrera como tenista profesional, tan sólo había logrado ganar un 54 por ciento de los puntos jugados en dichos partidos... Es decir, la clave no está en ganar muchos más puntos que tu contrincante, sino en ganar los puntos importantes, en aprovechar las oportunidades. Pero las oportunidades no se presentan por casualidad, sino que, en cierto modo, buscan a quien está preparado para aprovecharlas.

5.1.2. La necesidad de puntos de vista complementarios y flexibilidad de criterio

Es bueno para cualquier inversor contar con alguien de confianza con quien poder contrastar opiniones. En el mundo de las inversiones no es fácil llegar a dar con alguien que cumpla dicha función, pero es fundamental encontrarlo. En mi caso, desde que empecé a invertir en bolsa, he mantenido un diálogo constante sobre inversiones tanto con mi padre como con mi amigo Guillermo. Sin duda, ambas relaciones me han ayudado como inversor, fortaleciendo mis convicciones gracias al apoyo de una visión ajena, similar a la propia y alejada del consenso de la comunidad financiera, que me hace ver errores en mis análisis y sesgos cognitivos iniciales, me llama la atención sobre oportunidades que pudiera estar pasando por alto, etc.

Las discusiones mantenidas con mi amigo sobre Meta Platforms no se diferencian de otras sostenidas con él acerca de distintas ideas de inversión. Generalmente, dichas conversaciones siguen un esquema similar: Guillermo tiene alguna idea que pone en mi conocimiento porque piensa que puede encajar en nuestras respectivas carteras; a continuación, suelo criticar su idea, buscando los puntos débiles de la empresa en cuestión, o de la valoración que él hace de ella. A veces no llegamos a una visión común, y otras sí. En aquellas ocasiones en que nuestras opiniones coinciden, solemos tener éxito (cabe destacar que para que estas discusiones sean eficaces deben darse en pie de igualdad, sin que ninguno de los participantes intente imponer su visión sobre la del otro).

Por poner algún ejemplo concreto, al empezar a debatir con mi amigo la oportunidad de inversión en Meta Platforms, yo defendía que las barreras de entrada con que contaba su negocio publicitario eran demasiado débiles para sostener su posición competitiva de forma duradera (criticaba la incapacidad de la compañía de adquirir en el futuro, como sí hizo en el pasado, a competidores emergentes por culpa de un mayor escrutinio de las autoridades antimonopolio, en vez de enfocar el análisis en la capacidad de Meta para adaptar las innovaciones de la competencia en sus propias redes), que el negocio de redes sociales tenía un fuerte componente de moda (por lo que infravaloraba la fuerza de atracción que supone para los usuarios de una determinada red el hecho de ser más grande y heterogénea que las de sus rivales), que el *engagement*[43] en las redes de la compañía se deterioraría al incrementar el número de visualizaciones publicitarias a las que los usuarios se veían expuestos (punto de vista que contradecían los resultados de Meta; el *engagement* de los usuarios de Insta-

43. *Engagement*, en inglés, es un término que, en este caso, hace referencia al grado de compromiso del usuario con una red social, es decir, al grado de fidelización del usuario de dicha red.

gram, por ejemplo, no se había deteriorado al incrementar su carga de contenido publicitario), etc.

Esto demuestra que solemos tener ideas preconcebidas equivocadas y que es importante saber deshacerse de ellas cuando la evidencia se manifiesta contraria a nuestro punto de vista (una visión inicial correcta también puede acabar siendo errónea al cambiar las circunstancias que la rodean). Es importante que, como inversor, sepas valorar cuándo estás equivocado y cuándo no, aunque no sea fácil. «Lo difícil no es adoptar nuevas ideas, sino escapar de las antiguas», afirmaba el famoso economista, e inversor, John Maynard Keynes. Para ser un buen inversor, debes combinar una extraña mezcla de rigidez en tus convicciones (para, por ejemplo, no dejarte influenciar por la volatilidad psicológica del consenso de la comunidad financiera ante la fluctuación de las cotizaciones) y de flexibilidad de criterio que te permita rectificar cuando las circunstancias cambien y quede demostrado que tu punto de vista inicial era erróneo (como también decía Keynes: «Cuando las circunstancias cambian, cambio de opinión»).[44]

Pienso que, al analizar una acción determinada, es preferible que partas de una postura exageradamente crítica; un alto grado de prudencia y exigencia a la hora de incluir una inversión nueva en tu cartera son recomendables ya que, a largo plazo, te permitirá optimizar tus rentabilidades y evitar errores que, de otra manera, cometerías (a pesar de que a veces esto pueda hacerte dejar pasar oportunidades de inversión que estás capacitado para aprovechar). Al igual que es importante sacar partido de una coyuntura atractiva, también lo es evitar cometer errores graves. Además, la mejor manera de llegar a entender el negocio de una empresa consiste en ponerlo a prueba, en criticarlo. Munger afirmaba lo siguiente: «Pienso que no tengo derecho a dar mi opinión hasta que puedo defender los argumentos contrarios a mi conclusión mejor que aquellos que están en mi con-

44. William Thorndike, *Los outsiders. Ocho CEOs no convencionales y su modelo radicalmente racional para el éxito*, Valor Editions de España, Barcelona, 2022.

tra».[45] Es decir, no hay mejor forma de llegar a comprender un negocio (y, por tanto, de saber valorarlo) que pudiendo argumentar las críticas a sus debilidades mejor que quienes lo censuran.

Teniendo todo esto en cuenta, suelo aproximarme al análisis de cada empresa que estoy pensando incluir en mi cartera desde una postura crítica (exagerada de forma deliberada) y contraria a la realización de la inversión (y Meta no fue una excepción); de esta manera me obligo a poner un listón exigente para cada compra potencial y, como consecuencia, consigo minimizar el número de errores que cometo.

Merece la pena destacar que Warren Buffett también enfoca sus inversiones con esta actitud «excesivamente» crítica. Para ello ha contado siempre con la ayuda de su socio Charlie Munger; al parecer, Munger echaba por tierra casi todas las ideas de inversión que Buffett le proponía, razón por la cual Buffett acabó apodándole «el abominable Hombre No».

5.1.3. La importancia de comprender la visión del consenso de la comunidad financiera

Los motivos de la caída en bolsa de las acciones de Meta Platforms (que se agudizaría progresivamente) eran varios, pero todos ellos fáciles de identificar. Fui analizándolos uno a uno hasta llegar a una conclusión acerca de la sostenibilidad de la posición competitiva de la compañía y sobre si su prosperidad futura estaba realmente en peligro o no. Los problemas que habían causado la extrema reacción del mercado eran los siguientes:

1. El número de usuarios norteamericanos de Facebook había descendido un 0,5 por ciento en el último trimestre de 2021.

45. Mohammad Siddiquee, *Mungerisms: Transcripts of the Daily Journal Corp. (DJCO). Annual Shareholders Meetings*, 2015-2022, Estados Unidos, 2022.

2. El crecimiento de ingresos de Meta estaba desacelerándose. Durante los últimos cinco años, el crecimiento de su facturación había superado el 30 por ciento anual y, sin embargo, la empresa sólo mostraba un crecimiento del 20 por ciento en el último trimestre de 2021. Esto, de por sí, no parecía preocupante, pero sí lo era el hecho de que la compañía pronosticara que, en el primer trimestre de 2022, su facturación sólo crecería entre un 3 y un 11 por ciento. ¿Cuáles eran las causas de dicha desaceleración?:

   a. Un aumento de competencia por el tiempo libre del usuario de internet (principalmente, por la aparición de TikTok; la aplicación china estaba ganando mucha popularidad entre la gente joven).
   b. La canibalización de ingresos provocada por formatos publicitarios que, por entonces, Meta monetizaba de forma menos eficaz; el formato de vídeos cortos (conocido como *Reels* en Instagram y Facebook), lanzado por la compañía para hacer frente a la amenaza de TikTok, generaba menores tasas de monetización que sus formatos publicitarios tradicionales (basados en fotografías e integrados en sus funciones *News Feed* y *Stories*).
   c. Los cambios que Apple había efectuado en las políticas de privacidad del sistema operativo (iOS) del iPhone, que perjudicaban la capacidad de Meta de dirigir anuncios y de medir su eficiencia para el anunciante.
   d. El deterioro de las condiciones macroeconómicas, causado tanto por la disrupción de las cadenas de suministro derivada de los confinamientos de la pandemia como por el consecuente aumento de la inflación y los tipos de interés.
   e. Por «efectos de base», ya que la comparativa con el primer trimestre de 2021 era extraordinariamente exigente por el alto ritmo de crecimiento experimentado por la compañía en dicho período (los confinamientos derivados del COVID-19 generaron un *boom*

de comercio electrónico que, a su vez, provocó un fuerte aumento de gasto publicitario en medios online, como, por ejemplo, en las redes sociales de Meta).

3. Los planes de inversión de la directiva de Meta Platforms para el año 2022, que hacían prever una fuerte contracción de márgenes y una caída sustancial de beneficios y flujos de caja. La compañía mencionaba que dichas inversiones tenían que ver con un aumento de su plantilla de empleados (ligados, principalmente, a proyectos de I+D) y de costes relativos a su infraestructura tecnológica (incremento de capacidad computacional para desarrollar nuevas funciones de inteligencia artificial).

5.1.4. La importancia de la formación de un criterio independiente

A continuación, expondré mi pensamiento acerca de cada uno de dichos puntos, ya que fue clave en mi análisis de la sostenibilidad del negocio de Meta Platforms y de su posición competitiva dentro de la industria publicitaria. Al ir repasando esos problemas, profundizaré en algunas de las principales características del negocio de la compañía y, después, resumiré mi valoración de Meta Platforms, que sirvió como base para mi inversión en sus acciones.

¿Era significativa la disminución de usuarios diarios de Facebook en el último trimestre de 2021?

Las primeras noticias que salieron en los medios de comunicación tras la caída en bolsa de Meta Platforms hacían referencia a la disminución del número de usuarios de Facebook en Norteamérica. Hasta el momento, Facebook era su principal red social y fuente de ingresos (aunque Instagram estaba creciendo con fuerza y, probablemente, acabaría siendo la red más importante de Meta). La primera reacción lógica era de preocupación por la sostenibilidad del negocio de la compañía, que se fundamentaba en los perfiles activos en sus redes sociales. Sin embargo, un análisis algo más profundo permitía mantener la confianza en la fortaleza de su base de usuarios y, por tanto, en su privilegiada posición competitiva dentro de la industria publicitaria.

Las redes sociales de Meta Platforms contaba con un volumen de uso sin igual; ninguna otra empresa aglutinaba, por entonces, más de dos mil ochocientos millones de usuarios diarios activos. El número de personas que utilizaban los servicios de Meta había llegado a ser tan grande que, por fuerza, provocaría la desaceleración del ritmo de crecimiento de la compañía, especialmente en el caso de algunos de sus mercados más maduros (como el norteamericano, donde prácticamente un 70 por ciento de la población ya utilizaba sus redes al menos una vez al mes, o cerca del cien por cien de su público objetivo si se excluyen del cálculo niños y adultos de más de 65 años).

Sin embargo, aunque el inmenso volumen del número de usuarios de Meta era un freno a su ritmo de crecimiento futuro, también es cierto que representaba su principal ventaja competitiva (una base de usuarios de escala y heterogeneidad muy superiores a las de sus competidores), que dotaba a su negocio de mayor solidez gracias al «efecto de red»[46] derivado de aquélla (el cual minimizaba el riesgo de deterioro de su negocio publicitario y la incertidumbre acerca de si éste crecería, o no, en el futuro; su ritmo de crecimiento era incierto, pero no lo era el hecho de

46. «Efecto de red» (*network effect* en inglés): es una ventaja competitiva derivada de la escala que consiste en que un servicio es más útil o beneficioso para sus usuarios cuanto mayor es el número de usuarios que lo utilizan. Al incrementar el número de usuarios en una red social, el número de conexiones entre dichos usuarios crece de forma exponencial (ley de Metcalfe). El valor de la red depende del número de conexiones que la conforman. Cuantos más usuarios (y de perfil más variado) hay en una red, mayor es el atractivo de ésta tanto para sus usuarios activos (que serán más reacios a abandonarla) como para sus usuarios potenciales (a los que atraerá como un imán); cuanto mayor y más heterogénea es la base de usuarios de una red (y mayor es su *engagement*), mayor será su atractivo para el anunciante.

que la compañía fuera a seguir creciendo en mayor o menor medida).

No consideraba grave la leve caída de usuarios norteamericanos de Facebook por varias razones: primero, la disminución era tan pequeña que puede que ni siquiera fuera real (la estimación de usuarios de la propia compañía es, precisamente, una estimación; según sus informes, está sujeta a un margen de error de en torno al 3 por ciento); segundo, era evidente que el número de perfiles de Facebook había llegado, más o menos, a su techo en sus mercados más maduros (como era el caso de Estados Unidos), por lo que ya no era uno de sus principales factores de crecimiento; y, por último, Meta Platforms ya no dependía solamente de Facebook, sino que era un conjunto de redes sociales (de entre las cuales la importancia de Facebook, aunque todavía fuera significativa, estaba reduciéndose).

Además, un «análisis de campo» nos daba una perspectiva con la que parece que la comunidad financiera no contaba: al ser usuario de las redes sociales de la compañía, no era difícil llegar a la conclusión de que su base de usuarios era muy sólida y de que no daba señales de deterioro, ni siquiera ante la amenaza de un nuevo competidor como TikTok (para darme cuenta no tuve más que abrir sus aplicaciones en el móvil y comprobar que mis amigos seguían estando muy activos en sus redes sociales). Mi amigo Guillermo también me explicó que TikTok no era sustitutivo de las redes sociales de Meta Platforms (aunque sí podía hacer peligrar parte de su cuota de mercado, los datos públicos que encontré en internet no demostraban que el *engagement* de los usuarios de Meta estuviese decayendo; TikTok estaba ampliando los horizontes comerciales de la industria de la publicidad digital más que canibalizando el tiempo de uso del usuario de las redes de Meta). Pensé que TikTok podía verse como una red social «de nicho» y de menor alcance que Facebook o Instagram, razón por la que tendría menos éxito con generaciones de usuarios adultos y, por ello mismo, sería un canal publicitario menos atractivo para la mayoría de los anunciantes. Por ejemplo, supe de primera mano, por amigos que trabajan para una gran empresa promotora española, que esa compañía había descartado usar campañas publicitarias en TikTok tras llegar a la conclusión de que no resultarían eficaces en su negocio (mientras que sí se anunciaban en Facebook e Instagram). También me ayudó el hecho de que otro amigo mío, empleado en una importante empresa de investigación de mercados, me confirmara que las redes de Meta eran el canal donde las empresas que él seguía generaban un mayor retorno a su inversión publicitaria. Además, ¡las generaciones más jóvenes no sólo utilizaban TikTok! Por ejemplo, unas adolescentes a las que daba clases de tenis los fines de semana me hicieron entender el atractivo de Instagram para gente de su edad al explicarme el uso que sus amigas hacían de la red (comparado con TikTok). Por entonces di con algún otro caso que me hizo ver que la solidez de la base de usuarios de Meta no peligraba; por poner un último ejemplo, una amiga extranjera que vivía en España me dijo que se había propuesto dejar Facebook e Instagram pero que había vuelto a utilizarlas porque eran la única forma que tenía de estar en contacto con las amistades que mantenía en su país.

No hacía falta ningún gran salto de fe para extrapolar la conclusión derivada de la pequeña muestra que había recopilado; en cada publicación trimestral de resultados de Meta se podía observar que el número de usuarios de Facebook y del conjunto de redes sociales de la compañía, lejos de reducirse, seguía creciendo (como se verá más adelante).

¿Era preocupante la desaceleración del crecimiento de ingresos de Meta Platforms?

Es evidente que, a medida que aumenta la penetración del gasto en publicidad digital sobre el gasto publicitario total, el mercado de Meta Platforms madura y, por tanto, su potencial crecimiento disminuye (y su tasa de crecimiento tiende a parecerse, cada vez más, a la del conjunto de la economía). Además, cuanto mayor es el número de personas que recurrentemente utilizan sus redes sociales, menor crecimiento potencial le queda a la compañía, que pasa a depender, sobre todo, del tiempo de uso medio por usuario y del grado de monetización de dicho tiempo (el aumento de volumen de usuarios pierde importancia como factor de crecimiento, pasando a un segundo plano).

Sin embargo, la facturación de Meta estaba todavía lejos de su techo: el gasto publicitario es cíclico por naturaleza (el mercado publicitario se expande en paralelo al PIB), las campañas digitales seguirían ganando cuota de mercado a formatos publicitarios tradicionales en declive (por la mayor eficacia en la dirección de anuncios al potencial consumidor y por una mejor capacidad de análisis del retorno de la inversión del anunciante), el número de usuarios que utilizaban las redes sociales de la compañía, seguiría creciendo (alrededor de sólo un tercio de la población mundial usaba a diario sus redes y el «efecto de red» comentado seguiría favoreciendo su continua adopción por parte del resto de la población), Meta podía mantener (e incluso aumentar) el tiempo que cada usuario pasaba en sus redes sociales y, también, mejorar la monetización de dicho tiempo (tanto en Europa como en países emergentes la tasa de monetización del usuario de Facebook era, todavía, sustancialmente inferior a la de Estados Unidos, como puede apreciarse a continuación).

Tabla 5.2. Ingresos publicitarios trimestrales por usuario en función de la localización geográfica del usuario de Facebook

Meta Platforms	4T 2017	4T 2018	4T 2019	4T 2020	4T 2021
Norteamérica	26,8 $	34,9 $	41,4 $	53,6 $	60,6 $
Europa	8,9 $	11,0 $	13,2 $	16,9 $	19,7 $
Asia	2,5 $	3,0 $	3,6 $	4,1 $	4,9 $
Total	6,2 $	7,4 $	8,5 $	10,1 $	11,6 $

Fuente: Elaboración propia a partir de informes de resultados de Meta Platforms.

Los factores que estaban penalizando el ritmo de crecimiento de ingresos de Meta Platforms, como ya señalé, eran los siguientes: el aumento de competencia por la aparición de TikTok, el efecto negativo de la transición de formato publicitario, cambios en las políticas de privacidad del sistema operativo del iPhone, el deterioro macroeconómico general y efectos de base.

En cuanto a TikTok, como ya he mencionado, no parecía que representase un peligro existencial para la compañía, ni que hubiera señales de que sus principales redes sociales (Facebook, Instagram y WhatsApp) estuviesen sufriendo ningún deterioro de su privilegiada posición competitiva.

Por otra parte, Meta Platforms, como el resto de los participantes de la industria publicitaria, ha experimentado varias transiciones de formato a lo largo de su historia, tanto fuera de las redes sociales de la propia compañía (las redes sociales nacieron para su uso en internet a través de ordenadores y, posteriormente, pasaron a utilizarse mayoritariamente en aplicaciones de teléfonos móviles) como dentro, dependiendo de las funciones empleadas por un usuario de la red para interactuar con otros (por ejemplo, y usando la terminología utilizada por Meta, la transición de formato *News Feed*, consistente en publicaciones en el diario principal de la aplicación, a *Stories*, o fotos efímeras, y, ahora, la transición hacia *Reels*, o vídeos cortos).

Cada transición de formato crea un reto tanto para el canal publicitario (Meta Platforms), como para el anunciante (que tiene que adaptar sus campañas). Cada transición penaliza al canal publicitario, al menos, de forma inicial, ya que el nuevo formato roba tiempo de uso a aquel al que sustituye y, por tanto, canibaliza ingresos de dicho formato previo (para el cual habían optimizado sus campañas publicitarias los anunciantes). Como es lógico, el anunciante siempre se adapta al nuevo formato de forma gradual y tardía respecto del usuario. Por eso mismo, el nuevo formato publicitario (vídeos cortos) tardaría en monetizarse de forma tan eficaz como aquel al que sustituía (fotos).

Meta Platforms introdujo el formato de vídeos cortos (*Reels* en Facebook e Instagram) como respuesta a la innovación de TikTok. Meta invirtió en *Reels* para no quedar obsoleta ni ceder su base de usuarios a TikTok a pesar, incluso, de que canibalizaba su negocio publicitario establecido (basado en anuncios intercalados entre las fotos que los usuarios publican en sus redes). A pesar de que esto reduciría el crecimiento de ingresos de Meta en el corto plazo, era de esperar que *Reels* acabara generando tasas de monetización similares a las de los anteriores formatos publicitarios de la compañía (como, además, afirmaba su equipo directivo). Mi perspectiva se sustentaba en el análisis de las exitosas transiciones de formato llevadas a cabo por Meta anteriormente (como cuando adoptó en sus redes sociales la innovación de Snap con las fotos efímeras).

Cabe destacar que Meta Platforms alcanzaría niveles de monetización en *Reels* similares a los de sus formatos publicitarios previos (*News Feed* y *Stories*) durante el tercer trimestre de 2023, lo que demostraba su excepcional capacidad de adaptación y ejecución; Meta tardó en optimizar *Reels* la mitad del tiempo necesitado en su anterior transición de formato publicitario (de *News Feed* a *Stories*, producida entre 2018 y 2022).

Además, *Reels* no sólo suponía un riesgo para Meta (de canibalización de ingresos), sino que también representaba una oportunidad: el formato de vídeos cortos conllevaba un aumento del tiempo medio de uso por usuario en las redes sociales de la compañía, lo que derivaría en una mayor monetización de sus redes, es decir, expandiría la oportunidad comercial y el potencial económico de Meta.

La capacidad de Meta Platforms de adoptar innovaciones de competidores en sus propias redes sociales (*Reels* y *Stories* son «copias» de TikTok y Snapchat), y de convertirlas en servicios exitosos, es una virtud que funciona como *moat*[47] que le protege de la competencia y le permite sostener sus altos niveles de rentabilidad.

La comunidad financiera mostraba escepticismo en relación con la sostenibilidad del liderazgo de Meta Platforms en la industria publicitaria debido a su limitada capacidad de innovación y a la imposibilidad de utilizar en el futuro su gran fortaleza financiera como herramienta de absorción de competidores (a través de adquisiciones, como hizo en su momento con Insta-

47. *Moat* ('foso' en español): es un término popularizado por Warren Buffett que hace referencia a las ventajas competitivas (o barreras de entrada) que inmunizan a una empresa de sus competidores.

gram y WhatsApp) por culpa de un mayor escrutinio por parte de las autoridades antimonopolio. Sin embargo, el consenso de mercado erraba al cuestionar la sostenibilidad del negocio de Meta; no comprendía su extraordinaria capacidad de ejecución a la hora de adaptar las innovaciones ajenas en sus propias redes sociales: gracias a la mayor escala y heterogeneidad de su base de usuarios, Meta conseguía potenciar la utilidad de las innovaciones externas.

En el mundo de los negocios es fácil sobrevalorar la originalidad e infravalorar la importancia de copiar y mejorar las innovaciones ajenas. Sin embargo, no hay nada malo en partir de las ideas de otras personas para desarrollar otras mejores; de hecho, si no fuera por ello, la humanidad no avanzaría... La mayoría de los empresarios y compañías de éxito se caracteriza por una gran capacidad de ejecución a la hora de adaptar innovaciones de terceros en sus propios negocios, pero no tanto por ser innovadores demasiado revolucionarios. Bill Gates (Microsoft), Steve Jobs (Apple) o Mark Zuckerberg (Meta Platforms) son claros ejemplos de esto (¡y hay muchos más!). Steve Jobs (al que todo el mundo considera un innovador, y lo era) llegó a afirmar lo siguiente: «Al final, todo se reduce a tratar de estar expuestos a las mejores obras de los seres humanos y después tratar de incluirlas en lo que tú estás haciendo. Picasso tenía un dicho: "Los artistas buenos copian y los artistas geniales roban", y nosotros nunca hemos tenido reparo alguno en robar ideas geniales».[48]

En cuanto al impacto negativo de las políticas de privacidad del iPhone podemos decir que, aunque estaba claro que se trataba de un problema coyuntural, el asunto descubría una debilidad estructural de Meta Platforms: su dependencia de las grandes plataformas tecnológicas de la actualidad, es decir, de Apple (con su binomio iPhone-sistema operativo iOS) y Alphabet (dueña de Android, el sistema operativo dominante para smartphones). Además, dicho problema demostraba que Meta dependía más que Alphabet (su gran competidor dentro de la industria publicitaria) de información de terceros, es decir, de la informa-

48. Walter Isaacson, *Steve Jobs. La biografía*, Debolsillo, Barcelona, 2013.

ción de los propios usuarios de Meta rastreada en aplicaciones y páginas web ajenas a las de la propia compañía. La búsqueda de autosuficiencia es uno de los motivos por los cuales Meta estaba realizando inversiones tan agresivas en su división de realidad virtual y metaverso.

El cambio en las políticas de privacidad del sistema operativo del iPhone permitía al usuario elegir si consentir que su huella digital fuera rastreada por Meta Platforms con fines publicitarios o no, lo que penalizaría las capacidades de la empresa de dirigir anuncios y de analizar su eficiencia para el anunciante (ya que las redes sociales de la compañía no sólo beben de la información que sus usuarios comparten en ellas, sino que, también, utilizan información de esos usuarios cuando acceden a otros sitios web). Sin embargo, una vez que Meta consiguiera reajustar y optimizar sus sistemas, y los anunciantes se adaptaran a la nueva realidad, el problema quedaría superado (como acabaría sucediendo).

Además, merece la pena señalar que Meta facilitaba una estimación del impacto que los cambios en las políticas de privacidad del iPhone supondrían en su facturación de 2022 (la reducirían un 10 por ciento con respecto a 2021), por lo que se sabía que se trataba de un efecto manejable y de naturaleza extraordinaria. Cabe destacar que, excluyendo esa distorsión, el negocio de la compañía seguía creciendo a un ritmo más que saludable; en el primer trimestre de 2022 el aumento de sus ingresos fue del 10 por ciento, por lo que, si se obviase el impacto negativo de los cambios de privacidad del software del iPhone, Meta estaría creciendo a un ritmo del 20 por ciento anual (¡las empresas en declive no suelen crecer tan rápido!).

Otro de los principales motivos de la desaceleración del crecimiento de ingresos de Meta era la coyuntura macroeconómica; en un escenario de disrupción de cadenas de suministro y escasez de componentes era lógico que el anunciante redujera su gasto publicitario, ya que no podía satisfacer la demanda de sus productos (el repunte de la inflación y el consecuente deterioro del poder adquisitivo del consumidor final también pesaban sobre el gasto publicitario en las redes de la compañía). Esto no me preocupaba lo más mínimo, ya que se trataba de un factor pasajero.

5.1.5. El inversor como agente anacrónico del mercado bursátil y la incapacidad de la comunidad financiera para discernir lo estructural de lo coyuntural

Pero a la comunidad financiera sí le preocupaba; no sabe valorar correctamente las diferencias entre factores estructurales y coyunturales, por lo que penaliza siempre, de forma excesiva, a las acciones afectadas por los segundos. Esta falta de discernimiento se debe a la característica mentalidad cortoplacista del mercado; el período medio de tenencia de una acción en la bolsa estadounidense es de alrededor de ¡seis meses! Es decir, el mercado bursátil se parece, cada vez más, a un casino, y el conjunto de sus participantes, a un jugador.

Gráfico 5.1. Período medio de tenencia de una acción en la bolsa de Nueva York (1930-2020)

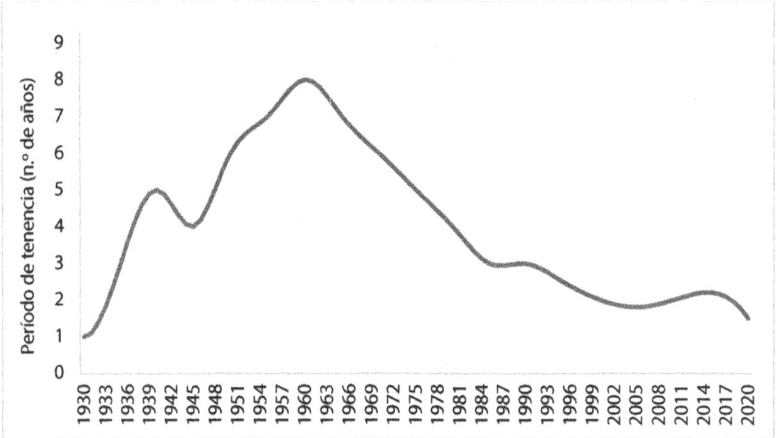

Fuente: Elaboración propia a partir de Thomson Reuters.

Es importante que, como inversor, sepas en qué contexto estás operando y que entiendas quién es tu contraparte en una transacción bursátil. Hoy en día, el conjunto de participantes en la bolsa no es un inversor racional, sino un especulador cuya visión no va más allá de los resultados que publicará una empresa el próximo trimestre o, incluso, de la tendencia que cree adivinar en los gráficos de su cotización. Esto no debe extrañar a nadie, ya que la industria financiera, como ya vimos, no cuenta con una filosofía de inversión correcta (además de estar incentivada a generar el mayor número posible de transacciones, a partir de las cuales cobra una determinada comisión) y a que la mayoría de particulares que participan en la bolsa no buscan más que ganancias rápidas y sin esfuerzo.

Al ser ésta la realidad de la bolsa en la actualidad, queda claro que el verdadero inversor es un agente anacrónico dentro del mercado. Aunque resulte paradójico, el hecho de que la bolsa parezca no estar hecha para el inversor es lo que, precisamente, le convierte en su participante más aventajado; gracias a la volatilidad del mercado, causada por la irracionalidad de sus integrantes, el inversor puede aprovechar oportunidades que, en un contexto diferente, no se le presentarían (o lo harían, pero con menor frecuencia e intensidad).

Puede argumentarse que hoy existe mucha más información, que ésta es accesible para todo el mundo gracias a internet, y que hay muchos más participantes con formación financiera en el mercado bursátil que en épocas pasadas. Sin embargo, la vertiginosa búsqueda de gratificación inmediata que caracteriza a nuestra sociedad hace que la bolsa esté dominada por una mentalidad cortoplacista. En este contexto, una de las principales ventajas con las que puede contar un inversor racional es su capacidad de mantener una visión de largo plazo.

El verdadero inversor puede explotar oportunidades causadas, simplemente, por el diferente horizonte temporal que tienen él y el resto de la comunidad financiera. Esto se debe a que, como en el caso de Meta Platforms, cuando una empresa está estancada temporalmente (por razones meramente coyunturales), el mercado sobrerreacciona y parece extrapolar a perpetuidad dicho estancamiento, errando en su valoración de la compañía. El inversor, en estos casos, puede aprovechar una gran oportunidad de inversión sin necesidad de ser más inteligente ni de saber más que el consenso del mercado acerca del negocio de una compañía; basta con que cuente con algo más de perspectiva, de sentido común y de paciencia. En palabras de Warren Buffett: «La bolsa es un instrumento para transferir dinero del impaciente al paciente».[49]

Por último, y volviendo a mi inversión en Meta Platforms, la desaceleración de su crecimiento también se debía, en parte, a efectos de base; esto es, a la exigente comparativa que representaba su nivel de ingresos de 2021, beneficiado, principalmente, por un *boom* de comercio electrónico. Esto tampoco me preocupaba y podía incluirse en el bloque de factores pasajeros ya mencionados; el comercio electrónico no parecía haber alcanzado todavía su penetración máxima sobre el total de ventas minoristas (suponía, a nivel global, menos de un 20 por ciento), por lo que cabía esperar que las principales empresas de comercio online siguieran creciendo a buen ritmo durante los años siguientes.

Por tanto, un análisis algo menos superficial y emocional me permitía confiar en la continuación del crecimiento de Meta Platforms. El estancamiento de su facturación se debía sobre todo a factores coyunturales, tanto macroeconómicos (disrupción de cadenas de suministro globales, repunte de la inflación, normalización del ritmo de crecimiento de la industria de comercio electrónico...) como idiosincrásicos de la propia compañía (transición hacia nuevos formatos publicitarios que Meta, inicialmente, monetizaba de forma menos eficaz, y el impacto extraordinario que el cambio de las políticas de privacidad del software del iPhone tenía sobre el retorno que los anunciantes generaban con sus campañas publicitarias en las redes sociales de la compañía).

Tras llegar a la conclusión de que la posición competitiva de Meta no estaba en entredicho, y que la desaceleración de su ritmo de crecimiento no era preocupante (por ser de naturaleza transitoria), pasé a analizar el deterioro de márgenes de beneficio de la empresa, que era una de las principales razones por las que su cotización había caído con tanta fuerza en bolsa.

49. «Be patient and think long-term», Davis Funds, 31 de octubre de 2024, <https://davisfunds.com/education/wisdom/warren-buffett-1>.

¿Era preocupante la caída de beneficios de Meta Platforms? ¿Podría recuperar, y sostener a largo plazo, sus altos márgenes de beneficio?

La compañía pronosticaba una caída de márgenes significativa en 2022; la comunidad financiera tenía dudas acerca de cuál era el nivel sostenible de beneficios de Meta, y no hay nada que provoque más pesimismo en la bolsa que la incertidumbre. ¡Ni los gestores de fondos ni los analistas de los grandes bancos de inversión son capaces de soportar el hecho de no saber con precisión qué número poner en su (inútil) modelo financiero!

5.1.6. La incapacidad de la comunidad financiera para diferenciar entre riesgo e incertidumbre

La comunidad financiera no se caracteriza por valorar correctamente las diferencias entre incertidumbre y riesgo. La incertidumbre hace referencia a la amplitud del abanico de posibles resultados finales, es decir, a la variabilidad de los resultados potenciales; sin embargo, el riesgo tiene que ver con la probabilidad de pérdida, de una pérdida permanente de capital para el inversor o de un deterioro irreversible de la rentabilidad de su negocio en el caso de una empresa. Existía incertidumbre acerca de varias métricas claves en la valoración de Meta Platforms (diferentes tasas de crecimiento y diferentes niveles de márgenes de beneficio sobre ventas), pero no existía un riesgo real de deterioro sustancial y permanente de su nivel de ingresos ni de sus márgenes de beneficio (al menos, ninguno que diera señales de estar materializándose).

En su libro *El inversor dhandho*, Mohnish Pabrai también explica las consecuencias de esta falta de capacidad de la comunidad financiera: «Wall Street se desorienta ante los conceptos de riesgo e incertidumbre, y tú puedes beneficiarte de dicha confusión. Wall Street odia la incertidumbre, lo cual demuestra provocando el colapso de la cotización de las acciones del negocio que la sufre. Éstas son las posibles combinaciones que causarán la caída de una acción: alto riesgo y baja incertidumbre, alto riesgo y alta incertidumbre, bajo riesgo y alta incertidumbre. La cuarta combinación posible, bajo riesgo y baja incertidumbre, le encanta a Wall Street, y las acciones que representan dicha combinación exhiben siempre los multiplicadores de cotización más elevados. Evita invertir en dichas acciones. De las otras tres combinaciones, la única que nos interesa es la de bajo riesgo y alta incertidumbre, que nos permite participar en nuestro lanzamiento de moneda favorito: cara, gano; cruz, ¡no pierdo demasiado!».[50]

Entendiendo la naturaleza de la estructura de costes de Meta se podía llegar a una conclusión acerca de la sostenibilidad de sus beneficios; sobre la base de dicho conocimiento se podría valorar la evolución potencial de los márgenes de la compañía bajo unas determinadas hipótesis de crecimiento de ventas.

Gráfico 5.2. Estructura de costes operativos de Meta Platforms (promedio 2017-2021)

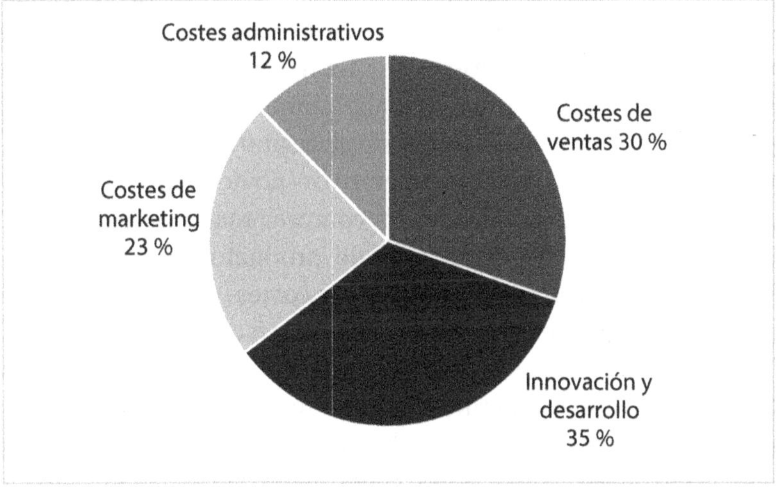

Fuente: Elaboración propia a partir de informes de resultados de Meta Platforms.

Meta Platforms dividía sus costes operativos en cuatro bloques: costes de ventas (salarios y costes relativos a la explotación

50. Mohnish Pabrai, *op. cit.*

de su infraestructura tecnológica, depreciación de su inmovilizado material, que suponía aproximadamente la mitad de sus costes de ventas totales, y otros costes de acuerdos de adquisición de tráfico, procesamiento de pagos electrónicos, fabricación de hardware, etc.), costes de innovación y desarrollo, costes de marketing (gasto publicitario y salarios de equipos de ventas) y costes administrativos generales.

Lo más llamativo es el gran peso que suponían los costes de I+D sobre el total (35 por ciento); las inversiones en I+D de Meta habían representado un 20 por ciento de su facturación entre 2017 y 2021 (niveles comparables a los de la industria farmacéutica estadounidense, la más intensiva en I+D). Los gastos de I+D eran, principalmente, inversiones destinadas a maximizar el crecimiento futuro de la empresa, no tanto a conservar su posición competitiva del momento; se trataba de costes eminentemente discrecionales.

Cabe destacar que el negocio publicitario de Meta, por su propia naturaleza, es un negocio de costes, en su mayoría, fijos; si un usuario de Instagram pasa treinta minutos al día en dicha red social, e Instagram le expone a un número cada vez mayor de impresiones publicitarias (visualizaciones de anuncios), Meta genera unos ingresos mayores sin necesitar para ello un incremento comparable de costes operativos (no necesitará, por ejemplo, contratar más empleados, ni comprar materia prima con la que fabricar unidades adicionales del producto que vende al consumidor, etc.). Más de la mitad de los costes operativos de Meta son fijos (no evolucionan en paralelo a su facturación).

También hay que mencionar que Meta Platforms se caracterizaba por una estructura de costes poco optimizada, con una plantilla de empleados que cobraba sueldos muy elevados (en parte por el perfil de sus trabajadores y por cierta escasez de informáticos cualificados). Al ser una compañía con un negocio relativamente poco intensivo en capital (en comparación con un ferrocarril o una petrolera, su negocio publicitario requiere poca inversión en activos fijos), con márgenes de beneficio sobre ventas elevados y un alto ritmo de crecimiento de ingresos, no había necesitado nunca ser una empresa disciplinada. Dicha falta de disciplina, unida a las grandes inversiones que estaba acometiendo (I+D, infraestructura computacional, etc.), estaba neutralizado el natural apalancamiento operativo de su negocio publicitario. Meta experimentó una gran aceleración de su crecimiento en 2021 y, al prever su continuación, se embarcó en ambiciosos programas de inversión y de ampliación de su plantilla de empleados; el deterioro de la situación macroeconómica en 2022 (con el consecuente estancamiento de la industria publicitaria), unido a los planes de inversión de Meta, provocaron una fuerte contracción de los márgenes de beneficio de la compañía:

Tabla 5.3. Caída del margen de beneficio operativo sobre ventas de Meta Platforms en 2022

Meta Platforms	2019	2020	2021	2022	Evolución 2019-2022
Ingresos (M $)	70.697	85.965	117.929	116.609	65 %
% incremento de ingresos	27 %	22 %	37 %	−1 %	-
Costes de I+D (M $)	13.600	18.447	24.655	35.338	160 %
% incremento de costes I+D	32 %	36 %	34 %	43 %	-
Número de empleados	44.942	58.604	71.970	86.482	92 %
% incremento de empleados	26 %	30 %	23 %	20 %	-
Salario medio ($)	247.883	262.633	292.785	296.320	20 %
% incremento de salario medio	8 %	6 %	11 %	1 %	-
EBIT recurrente* (M $)	28.986	32.671	46.753	33.555	16 %
EBIT/ingresos	41 %	38 %	40 %	29 %	−30 %
*EBIT recurrente: excluye costes extraordinarios de reestructuración (en 2022) y multas (en 2019).					

Fuente: Elaboración propia a partir de informes de resultados de Meta Platforms.

Mi visión acerca de la evolución futura de los márgenes de Meta Platforms era optimista. Teniendo en cuenta que la compañía tenía todavía potencial de crecimiento, pensaba que la naturaleza de su negocio publicitario, unida a una posible mayor disciplina por parte de su equipo directivo, haría que sus márgenes se estabilizaran y que, poco a poco, recuperaran los niveles de 2021, sobre todo sabiendo que una parte significativa de los costes de I+D (que podían considerarse inversiones de crecimiento) procedía de la división de metaverso y realidad virtual de la compañía (que tenía poco que ver con su negocio publicitario tradicional). Pensaba que Mark Zuckerberg racionalizaría en algún momento sus inversiones en dichas líneas de negocio emergentes, ajustándolas al tamaño real de sus negocios (la división facturaba unos 2.000 millones de dólares, pero generaba pérdidas operativas de cerca de 14.000 millones de dólares).

Meta Platforms estimaba que sus costes operativos totales serían de entre 90.000 y 95.000 millones de dólares en 2022. El aumento de costes (frente a los casi 72.000 millones de dólares de 2021) se debía, principalmente, a un aumento de inversiones en I+D; dichos costes podían llegar a suponer un 25 por ciento de la facturación total de Meta en 2022. Además, los costes totales de su división del metaverso habían ido en aumento (12.500 millones de dólares y 7.800 millones de dólares en 2021 y 2020, respectivamente), por lo que era razonable calcular que, en 2022, supusieran cerca de la mitad de los, aproximadamente, 30.000 millones de dólares que la compañía invertiría en I+D.

Por tanto, partiendo de las estimaciones de la propia compañía, y bajo las hipótesis de que las inversiones en I+D de Meta supondrían un 25 por ciento de sus ingresos en 2022 (inversiones de carácter discrecional y de las que en torno a un 50 por ciento no eran necesarias para sostener su negocio publicitario básico), se podía concluir que el beneficio operativo de Meta en los próximos años sería cualquier número que Zuckerberg quisiese, comprendido entre 25.000 millones de dólares (beneficio esperado para 2022) y 50.000 millones de dólares (suponiendo, de forma simplista, que la empresa no necesitase apenas invertir en I+D para mantener su privilegiada posición competitiva).

En resumen, lo que estaba en duda no era la rentabilidad del negocio publicitario de Meta Platforms, sino los planes de inversión que su dueño decidiera emprender. El mercado estaba penalizando en exceso la incertidumbre, y no entendía la diferencia entre dicha incertidumbre y el riesgo que suponía la posibilidad (remota, por no decir nula) de un deterioro irreversible de la rentabilidad del negocio publicitario de Meta.

5.1.7. Valoración de Meta Platforms

Mi análisis conducía a la siguiente conclusión: la base de usuarios de Meta Platforms era sólida y no se estaba deteriorando, el ritmo de crecimiento de ingresos de la compañía se revitalizaría una vez que mejorase la coyuntura macroeconómica, y sus beneficios de 2021 no eran, en absoluto, insostenibles.

Las acciones de Meta Platforms representaban una oportunidad de inversión atractiva. En Meta veía una empresa de calidad (lo cual se evidenciaba en su alta rentabilidad sobre capital empleado, de más de un 60 por ciento), con una situación financiera envidiable (caja neta de más de 40.000 millones de dólares y recursos propios sobre activos totales del 75 por ciento) y una posición competitiva muy sólida, protegida por fuertes ventajas competitivas (economías de escala materializadas en «efectos de red» y «costes de cambio»,[51] y la gran capacidad de Meta de copiar, adaptar y mejorar las innovaciones de la

51. Costes de cambio (*switching costs* en inglés): es una ventaja competitiva que consiste en la reticencia del usuario, o cliente, de un servicio a dejar de utilizar dicho servicio por culpa del riesgo, o de los costes, asociados al cambio. En el caso de una red social, los costes de cambio son una forma de ventaja competitiva derivada de la escala por la cual el usuario será más reacio a cambiar de red social cuantos más contactos tenga en dicha red (al menos de forma temporal); el anunciante, además, será más reacio a probar nuevos medios publicitarios cuanto mayor sea el número de usuarios de la red en cuestión.

competencia en sus propias redes sociales), dentro de una industria de crecimiento inevitable (la publicidad digital seguirá ganando cuota de mercado a medios publicitarios tradicionales gracias a una mejor capacidad de segmentar y dirigir anuncios, y a una superior capacidad de medición del retorno generado por las campañas del anunciante), cotizando a unos niveles excesivamente deprimidos. Meta Platforms cotizaba a PER (sobre beneficio neto de 2021, que consideraba sostenible, aunque la compañía fuera a ganar menos en 2022) de 13,5× (atractivo si se comparaba con el PER medio histórico del S&P 500, de 16×, y con el PER de más de 20× al que éste cotizaba por entonces).

Además, pensaba que la compañía estaba bien gestionada: su dirección (controlada por Mark Zuckerberg, fundador y principal accionista de la compañía) había demostrado en numerosas ocasiones una gran eficacia operativa (como, por ejemplo, al adoptar y mejorar las innovaciones de la competencia en sus propias redes) y unas habilidades de asignación de capital sobresalientes, siendo especialmente exitosa la adquisición de Instagram en 2012, pero también la de WhatsApp en 2014; Facebook compró Instagram por 1.000 millones de dólares y, ya en 2022, se estimaba que esta última facturaba más de 40.000 millones de dólares; aunque WhatsApp seguía inframonetizada, su número de usuarios se había más que cuadruplicado desde que fue adquirida. WhatsApp, la popular aplicación de mensajería, podía verse como un «activo oculto» que Meta, progresivamente, estaba empezando a monetizar (de forma cauta, priorizando el *engagement* de su base de usuarios).

El pesimismo de la comunidad financiera, causante del bajo multiplicador sobre beneficios al que Meta cotizaba, se debía principalmente a su falta de comprensión del negocio de la compañía y a una importante falta de perspectiva (la comunidad financiera, condicionada por su característica visión cortoplacista, consideraba estructurales los factores coyunturales que estaban penalizando los resultados operativos de la empresa). Sin embargo, como ya he explicado, la base de usuarios de Meta no se estaba deteriorando ante la amenaza de competidores emergentes (todo lo contrario, sus redes sociales seguían ganando adeptos), los ingresos de la compañía estaban estancados por culpa de factores meramente coyunturales (sobre todo por el deterioro de la situación macroeconómica), y los márgenes de beneficio generados por la compañía en 2021 eran sostenibles (el empeoramiento de su rentabilidad se debía a inversiones destinadas a potenciar el crecimiento futuro de la empresa; probablemente, dichas inversiones eran excesivas y, en algún momento, acabarían racionalizándose).

Para valorar Meta Platforms seguí el método que Bruce Greenwald propone en la segunda edición de su libro *Value Investing: From Graham to Buffett and Beyond* para valorar empresas de crecimiento con ventajas competitivas sostenibles. De forma simplificada, dicho método se basa en comparar la rentabilidad estimada que las acciones de Meta «prometían» generar a largo plazo (compradas a un precio determinado) con una rentabilidad alternativa que representase un coste de oportunidad adecuado (la rentabilidad futura que se podía esperar de una cesta diversificada de acciones, como el S&P 500, a partir de sus niveles de cotización del momento).

Básicamente, la rentabilidad esperada a largo plazo por un inversor que compra una acción a un precio determinado está compuesta por la rentabilidad por dividendo que generen sus acciones a lo largo de la vida de la inversión, por el crecimiento del beneficio por acción de la compañía en cuestión y por la evolución de su multiplicador sobre beneficios (PER).

Para no alargar innecesariamente la disquisición, ni adentrarnos en detalles técnicos y contables que, aun siendo relevantes, no aportan demasiado a la explicación, simplificaré la valoración que realicé de Meta Platforms (no distinguiré entre beneficio neto y flujo de caja libre, ni me adentraré en estimaciones de reinversión requerida en activos fijos y circulantes para sostener determinados ritmos de crecimiento de facturación, ni en otras variables que afectan al cálculo de las rentabilidades estimadas de Meta y del S&P 500):

Tabla 5.4. Comparación de la rentabilidad esperada de Meta Platforms y del S&P 500 (con Meta cotizando a 194 dólares por acción)

	Meta Platforms	**S&P 500**
PER	13,5	20,8
Rentabilidad por beneficio (*earnings yield*)	7,4 %	4,8 %
Rentabilidad por dividendo (a)	0 %	1,6 %
Crecimiento estimado de beneficio por acción (b = c + d)	12,6 %	7,2 %
Recompras de acciones (c)	5,6 %	2,2 %
Crecimiento de beneficio a largo plazo (d)	7,0 %	5,0 %
Rentabilidad total esperada (a + b)	12,6 %	8,8 %

Fuente: Elaboración propia a partir de Bloomberg e informes de resultados de Meta Platforms.

Las hipótesis básicas que subyacen a los cálculos de la tabla anterior son las siguientes:

- Los beneficios de 2021 de Meta y del S&P 500 eran sostenibles.
- Los niveles de *payout*[52] de Meta y del S&P 500 se mantendrían constantes en el tiempo. El *payout* de Meta consistiría, exclusivamente, en recompras de acciones, y sería algo inferior al del S&P 500 (*payout* del 75 por ciento comparado con un 85 por ciento en el caso del S&P 500, sumando dividendos y recompras) por ser una empresa de mayor crecimiento; aunque tuviera un negocio relativamente poco intensivo en capital, podía necesitar reinvertir un mayor porcentaje de sus beneficios, en especial en un contexto caracterizado por el aumento de la capacidad computacional requerida para desarrollar aplicaciones de inteligencia artificial.

52. *Payout*: ratio que mide la distribución de capital (en forma de dividendos y recompras de acciones) de una empresa como porcentaje del beneficio anual que genera.

- Sus multiplicadores de cotización sobre beneficios (PER) se mantendrían estables, lo cual suponía que Meta merecería siempre un multiplicador inferior a la media de la bolsa de Estados Unidos (suposición, a mi entender, muy prudente).
- Mi estimación del crecimiento de beneficio de Meta y del S&P 500 partía del crecimiento del 4 por ciento que la Reserva Federal de Estados Unidos (FED) proyectaba para el PIB nominal de Estados Unidos a largo plazo. Estimé crecimientos algo superiores por varias razones: las empresas del S&P 500 son multinacionales expuestas al crecimiento del PIB de países emergentes (algunos de los cuales crecen más rápido que Estados Unidos) y, además, su ritmo de incremento de beneficios podría superar el de sus ventas por el apalancamiento operativo propio de sus negocios (aunque esto quizá se viera compensado por mayores impuestos en un contexto de grandes déficits fiscales y altos niveles de deuda pública, por mayores costes en un entorno inflacionista, suponiendo que las empresas no fueran capaces de trasladar dichos costes por completo a sus clientes a través de subidas de precios, y por mayores costes de financiación en un entorno de tipos de interés normalizados). En el caso de Meta, al 4 por ciento de crecimiento de PIB estadounidense, añadí un 2 por ciento adicional bajo la hipótesis de que la publicidad digital acabaría suponiendo, al cabo de una o dos décadas, un 90 por ciento del gasto publicitario total (frente al 64 por ciento de 2022), más otro 1 por ciento bajo el supuesto de que las pérdidas de la división del metaverso de la compañía se reducirían y de que ésta conseguiría monetizar WhatsApp en mayor o menor medida.

En definitiva, cuando invertí en Meta Platforms esperaba obtener rentabilidades sustancialmente superiores a las del conjunto de la bolsa, ya que estaba comprando una empresa de calidad y crecimiento superiores a la media, a una valoración deprimida e inferior a la media. La rentabilidad futura estimada de Meta era de cerca del 13 por ciento bajo las hipótesis planteadas, es decir, casi un 50 por ciento más atractiva que la rentabilidad esperada del S&P 500. Pero cabe destacar que, de cumplirse mis pronósticos, y si el multiplicador PER de Meta se normalizaba (una expansión de hasta PER 20× no parecía descabellada en un plazo relativamente corto), las rentabilidades esperadas por quien comprara sus acciones serían incluso mayores, de más del 20 por ciento anual. La rentabilidad que esperaba obtener era claramente superior al típico coste de oportunidad del 10 por ciento que los inversores suelen exigir en bolsa (la rentabilidad media que el conjunto de la bolsa estadounidense ha generado a lo largo de la historia), por lo que mi inversión en Meta Platforms contaba con un importante margen de seguridad.

Básicamente, en el campo de la inversión, la precisión de los cálculos es relativamente insignificante siempre y cuando la calidad del análisis cualitativo y la presencia de un importante margen de seguridad permitan al inversor saber si lo que está haciendo al comprar una acción es inteligente. En palabras de Benjamin Graham: «La clave está en que el análisis de instrumentos financieros no trata de determinar con exactitud el valor intrínseco de cierto instrumento. Tan sólo necesita establecer que el valor es adecuado (para proteger un bono o justificar una compra de acciones), que el valor es considerablemente superior, o considerablemente inferior, al precio de mercado».[53]

Todd Combs afirma lo siguiente: «El mercado ha cotizado históricamente a un multiplicador sobre beneficios de 15×, que equivale a una rentabilidad por beneficios del 6,7 por ciento. Si consigues encontrar un negocio mejor que la media, con un equipo directivo mejor que la media, a un multiplicador sobre beneficios inferior a 15×, probablemente sea un buen punto de partida. Graham y Dodd llamaban a esto *margen de seguridad*».[54]

Meta Platforms era una empresa mejor que la media, gestionada por un equipo directivo mejor que la media, que cotizaba a

53. Benjamin Graham y David Dodd, *op. cit.*
54. Ibídem.

un PER sobre beneficios sostenibles de menos de 15×. Esa combinación, en una única inversión, puede no producir rentabilidades extraordinarias (uno puede fallar en su análisis, las circunstancias cambian, etc.), pero si es repetida de forma disciplinada por el inversor, la probabilidad de que su cartera genere rentabilidades superiores a las del mercado es muy alta.

Generalmente, suelo utilizar más de un método de valoración para analizar el atractivo de la cotización de una acción. Por ejemplo, en el caso de Meta Platforms podía considerarse que la compañía era la suma de cuatro partes independientes, es decir, el negocio publicitario de Facebook e Instagram (que generaba más del cien por cien de los beneficios de la empresa), WhatsApp (que era una activo inframonetizado con, según pensaba, un alto potencial económico), la división del metaverso (que incluía su negocio de gafas inteligentes y de realidad virtual, y cuyo valor era una incógnita), y la posición de caja neta de la empresa (de más de 40.000 millones de dólares). Al realizar una estimación del valor de las tres últimas partes y restarlas a la capitalización bursátil de Meta, se podía llegar a una conclusión acerca de si el precio al que el mercado estaba valorando el negocio publicitario de Facebook e Instagram era razonable o no.

Pues bien, ¿cuánto podía valer WhatsApp, y cuánto la división del metaverso? Suponiendo que Meta Platforms hubiera comprado WhatsApp a un precio sensato y próximo al valor de la popular aplicación de mensajería (la adquirió por alrededor de 20.000 millones de dólares en 2014), y que el valor de WhatsApp hubiera evolucionado en paralelo a su número de usuarios (el número de usuarios de WhatsApp era ya de más de dos mil millones, más de cuatro veces superior a cuando WhatsApp aún no formaba parte de Meta), llegaríamos a valorar WhatsApp en unos 80.000 millones de dólares. ¿Era razonable asignar un valor de 80.000 millones de dólares a una aplicación que tenía más de dos mil millones de usuarios altamente fidelizados, y múltiples vías de monetización potencial (publicidad, pagos electrónicos, suscripciones, etc.)? Pensaba que sí, que era una cifra incluso prudente. Por ejemplo, suponiendo que WhatsApp dejara de ser un servicio gratuito de mensajería y que pudiese cobrar 1 dólar mensual por perfil (su base de usuarios, probablemente, no se deterioraría bajo dicha hipótesis; y, si lo hiciera, ¡aumentaría el número de usuarios y el tiempo pasado por cada uno de ellos dentro de Instagram!), WhatsApp generaría ingresos de suscripción de más de 24.000 millones de dólares anuales y la valoración de 80.000 millones de dólares resultaría excesivamente conservadora. La división del metaverso era difícil de valorar, pero no era necesario hacerlo para estimar el atractivo de la valoración que el mercado asignaba al negocio publicitario de Meta.

La capitalización bursátil de Meta era de 530.000 millones de dólares, su posición de tesorería de más de 40.000 millones de dólares, el valor de WhatsApp superior a 80.000 millones de dólares, su negocio del metaverso una incógnita a la que otorgué valor 0 (esas inversiones no se valorarían de forma tan conservadora si se realizaran a través de un fondo de capital riesgo), y el negocio publicitario de la compañía generaba un beneficio operativo anual de más de 60.000 millones de dólares (su magnitud era incierta; Meta no detallaba las pérdidas de WhatsApp, incluidas en el beneficio operativo de 57.000 millones de dólares que generó el conjunto de sus redes sociales en 2021). Por lo que el mercado, suponiendo que mi estimación del valor de WhatsApp y del metaverso fuera correcta (o prudente), estaba valorando el negocio publicitario de Facebook e Instagram a un multiplicador sobre beneficio operativo de menos de 7×, un multiplicador muy atractivo para un negocio de tal calidad y crecimiento.

5.1.8. Algunas ideas sobre la diversificación de carteras

La oportunidad de inversión en Meta Platforms era realmente atractiva, por lo que decidí invertir un 15 por ciento de mi cartera personal en acciones de la compañía. Además, gracias a mi recomendación, varios familiares y amigos realizaron inversiones en Meta a precios similares, o inferiores, a los que compré mis acciones. También recomendé comprarla en el *family office* de un grupo empresarial inmobiliario para el que, por entonces, trabajaba.

Como he dicho, invertí cerca de un 15 por ciento de mi patrimonio en Meta, lo que da a entender mi confianza en su negocio y en lo atractivo que consideraba el precio de compra que el mercado me ofrecía; la mayoría de los inversores (particulares e institucionales) y gestores de fondos suelen tener carteras muy diversificadas, conformadas por más de treinta o cuarenta acciones, sin que ninguna de ellas pese, individualmente, más de un 5 por ciento sobre el total.

Mi cartera personal siempre está muy concentrada para los estándares de la industria financiera; nunca he tenido más de diez acciones de forma simultánea. Creo que es razonable que la cartera de un inversor se focalice en sus ideas de mayor convicción y dudo mucho que nadie pueda tener cuarenta ideas de inversión que cumplan dicho requisito en un momento determinado. Aumentar el número de acciones de una cartera para protegerse contra la posibilidad de que cualquiera de ellas acabe siendo un error no tiene por qué reducir el riesgo de la cartera..., de hecho, puede incluso incrementarlo. Como dice el inversor británico Nick Sleep: «La iglesia de la diversificación, en cuyos bancos se sienta la industria de la gestión de fondos, propone tener en cartera muchas acciones. Pero no lo hace porque sus gestores tengan muchas ideas, ¡sino porque tienen demasiado pocas! La diversificación, en este sentido, no es más que un seguro contra la posibilidad de que una idea particular falle. Sin embargo, nosotros, al igual que Darwin, nos sublevamos contra la teocracia. Si el conocimiento es una fuente de valor añadido, y existen pocas cosas que puedan comprenderse en profundidad, entonces, como es lógico, se deduce que tener un mayor número de acciones en cartera no reduce el riesgo, ¡sino que lo incrementa! La verdadera diversificación la ofrecen los fondos indexados a una fracción del coste de la gestión activa».[55]

55. Nick Sleep y Qais Zakaria, *The full collection of the Nomad Investment Partnership letters to partners*, 2001-2014, 2021, <https://igyfoundation.org.uk/wp-content/uploads/2021/03/Full_Collection_Nomad_Letters_.pdf>.

Mi estrategia de diversificación se adapta a mi estilo de inversión, pero no creo que sea una estrategia óptima para cualquier inversor. La inversión en bolsa es más un arte que una ciencia, por lo que la forma de actuar de cada inversor debe adecuarse a sus características personales, tanto a sus virtudes como a sus debilidades. De todas formas, nunca he pensado que, para batir al mercado, sea bueno mantener una cartera sobrediversificada en la que prácticamente no haya diferencia entre el peso de las principales inversiones y las de menor convicción, aunque dicha práctica sea el denominador común de la industria financiera.

Habitualmente, suelo asignar un 10 por ciento del total de mi cartera a cada acción que incluyo en ella; de esta manera me obligo a invertir sólo en aquellas ideas en las que tengo más convicción (actuando así minimizo la probabilidad de equivocarme en cada nueva inversión). Si uno no tiene la suficiente confianza en una acción como para otorgarle un tamaño significativo de su cartera significa que no debería comprar ni una sola acción de dicha empresa.

Tener una cartera de acciones concentrada conlleva el beneficio de poder estudiar en profundidad cada inversión que forma parte de ella. Es evidente que un inversor cometerá menos errores si analiza menos alternativas con mayor profundidad que si analiza más alternativas con menos profundidad. Es menos arriesgado tener una cartera compuesta por diez acciones cuyos negocios y valoraciones se comprenden que tener una cartera de cuarenta acciones relativamente incomprendidas (aunque uno crea que las entiende, es obvio que no lo hace; pensar que, en un momento determinado, se puedan comprender cuarenta negocios diferentes no es más que una ilusión). Así lo explica, también, Warren Buffett: «Pensamos que la concentración de una cartera reduce su riesgo siempre que conlleve, como debería, un aumento de la intensidad con la que el inversor estudia un negocio y del nivel de confianza que exija a las características económicas de la compañía antes de invertir en ella».[56]

56. Bruce Greenwald *et al.*, *op. cit.*

Dicho esto, que piense que para batir al mercado sea necesario ser determinante y mantener una cartera concentrada no significa que no valore la importancia de la prudencia; es importante no «jugárselo» todo nunca a una carta (es necesario cierto grado de diversificación porque en una única inversión siempre se puede estar equivocado). Ante todo, hay que evitar cometer errores graves ya que, como nos recuerda Buffett, «para terminar primero, primero hay que terminar la carrera».[57]

5.2. Meta Platforms y mi decisión de mantener

De lo ya explicado se desprende que no es necesario un coeficiente intelectual extraordinario (ni mucho menos) para identificar acciones de empresas de calidad a valoraciones realmente atractivas. Tampoco se requiere un conocimiento financiero avanzado para concluir que la inversión en cuestión es lo bastante atractiva como para merecer que comprometas tu capital en ella. Lo que sí es importante, de cara a aprovechar una oportunidad determinada, es tener criterio independiente, realizar un análisis riguroso (aunque no necesariamente exhaustivo) y contar con un margen de seguridad significativo.

5.2.1. El ADN del inversor

La independencia de criterio es un arma fundamental con la que debes contar; como dice Li Lu, el experto bursátil estadounidense nacido en China, un inversor debe sentirse cómodo manteniendo una visión alejada del consenso de la mayoría: «Si eres un verdadero inversor, probablemente estás genéticamente programado para sentirte cómodo en minoría. Esto no es natural en el ser humano. Debes sentir comodidad en tu individualidad. Debes interiorizar la idea de que tienes razón gracias a tu razo-

57. Warren Buffett, «Letter to the shareholders», Berkshire Hathaway, 1 de marzo de 1999, <https://www.berkshirehathaway.com/letters/1998pdf.pdf>.

namiento y a la evidencia derivada de él, no porque los demás estén de acuerdo contigo».[58] Contar con un criterio independiente del punto de vista de los demás no sólo te permitirá aprovechar oportunidades atractivas (para lo cual, obviamente, es importante), sino que te capacitará para no desaprovecharlas en momentos de presión... como, por ejemplo, vendiendo tus acciones (dejándote llevar por el miedo) cuando la cotización de éstas caiga por debajo de tu precio de compra.

La importancia de tener una personalidad que te permita defender con comodidad una postura diferente a la del consenso de la comunidad financiera no se puede sobrevalorar; es imprescindible para batir al mercado.

5.2.2. La Voz Del Consenso

LVDC, uno de los mayores bancos del mundo, daba una valoración de 390 dólares por acción a Meta Platforms en octubre de 2021, cuando la cotización de la compañía era de en torno a 330 dólares. A medida que la cotización de Meta caía durante 2022, LVDC ajustaba a la baja su valoración; finalmente, en octubre, cuando la cotización de la compañía bajó de 100 dólares por acción, LVDC le dio una valoración de 115 dólares (¡a la misma Meta Platforms que tan sólo un año antes valoraba en 390 dólares por acción!). Llamativo, sin duda. Pero lo mejor estaba todavía por llegar: pasado otro año, en octubre de 2023, LVDC daba a Meta (cuya cotización se había recuperado y era, de nuevo, de 300 dólares), una valoración de 400 dólares por acción (¡otra vez!).

Es evidente que el valor real de la compañía no había experimentado una volatilidad tan extrema en un período tan breve; simplemente, LVDC no sabía valorar las acciones de Meta Platforms:

58. Brian Langis, «Li Lu's talk at Columbia 2006», blog personal, 1 de marzo de 2018, <https://brianlangis.wordpress.com/wp-content/uploads/2018/03/li-lus-talk-at-columbia-2006.pdf>.

Tabla 5.5. Evolución de la cotización de Meta Platforms y de la valoración que LVDC hacía de la compañía (octubre de 2021-octubre de 2023)

	Cotización de Meta Platforms	Valor de Meta Platforms (estimado por LVDC)
Octubre de 2021	330 $/acción	390 $/acción
Abril de 2022	175 $/acción	275 $/acción
Octubre de 2022	130 $/acción	115 $/acción
Abril de 2023	210 $/acción	305 $/acción
Octubre de 2023	300 $/acción	400 $/acción

Fuente: Elaboración propia a partir de LVDC.

Esto no hace más que demostrar la falta de rigor en el análisis de un gran banco de inversión (y puede que alguna cosa más). Además, cabe destacar que los analistas de LVDC, tras las primeras caídas bursátiles de Meta en febrero de 2022, decían que, en vista de los problemas a los que se enfrentaba la compañía, considerarían vender sus acciones (calificándolas de *dead money*, 'dinero muerto') para incrementar su exposición a otras grandes tecnológicas, como Alphabet o Microsoft, en las que veían menos riesgo.

Tres años después de la brillante recomendación de LVDC, la rentabilidad generada por las acciones de Meta Platforms era muy superior a las de Alphabet o Microsoft (porque, aunque se le olvide a LVDC, el precio de partida también cuenta. ¡Y el de Meta era más atractivo!):

Tabla 5.6. Evolución de la cotización de Meta Platforms, Alphabet y Microsoft (04/02/2022-04/02/2025)

	Cotización 04/02/2022	Cotización 04/02/2025	Revalorización
Meta Platforms	237,1 $	704,2 $	+197 %
Alphabet	143,3 $	206,4 $	+44 %
Microsoft	315 $	412,4 $	+31 %

Fuente: Elaboración propia a partir de Yahoo Finance.

5.2.3. Diferencia entre la mentalidad de las personas en la bolsa y en la «vida real»

Es curiosa la diferencia existente entre la mentalidad de las personas en el mercado bursátil y en su vida cotidiana. Si una persona va al supermercado cada semana a comprar un *pack* de yogures de 2 euros y un día el precio del mismo pack es de 1 euro gracias a alguna oferta puntual, probablemente comprará el doble de unidades por los mismos 2 euros que solía gastar semanalmente en dicho producto (así no tendrá que comprar, la semana siguiente, el mismo *pack* al precio habitual). Sin embargo, en bolsa, cuando compra una acción de Meta Platforms por 200 dólares y, posteriormente, su cotización baja a 90 dólares..., lo único que siente es un impulso (irresistible para muchos) de ¡vender sus acciones!

Aunque el valor de Meta variará más a lo largo de los años que las características intrínsecas del yogur en cuestión, tampoco cambiará mucho en un intervalo temporal reducido bajo casi ninguna circunstancia (además, el valor de Meta no tiene por qué disminuir, de hecho, probablemente aumentará: sus redes sociales se cuentan entre los mejores canales publicitarios existentes y el gasto publicitario crece en línea con el conjunto de la economía).

Para obtener buenos resultados debes invertir en bolsa con la misma mentalidad que aplicas al hacer la compra en el supermercado, es decir, debes comprar más cantidad de lo que más te gusta (¿qué sentido tiene comprar algo que no te gusta?), pero sólo cuando su precio sea razonable (por mucho que te guste el yogur Danone, nunca lo comprarías si te lo ofrecieran a 20 euros por unidad). El inversor con «mentalidad de supermercado» sólo comprará empresas buenas (con posiciones competitivas dominantes dentro de su industria, perspectivas de crecimiento a largo plazo, sin endeudamiento excesivo, bien gestionadas, etc.), pero sólo cuando su cotización sea atractiva (a precios inferiores a su valor; y cuanto mayor el descuento, ¡mejor!).

5.2.4. La resistencia emocional como principal virtud del inversor

Comprar acciones de empresas de calidad cuando cotizan por debajo de su valor no es suficiente para generar buenas rentabilidades en bolsa; es una condición necesaria, pero no es la única requerida. Lo más importante para obtener rentabilidades extraordinarias en bolsa es la actitud, en especial la capacidad de resistencia emocional que demuestres al enfrentarte al mercado cuando éste te ponga a prueba (por ejemplo, cuando las acciones que compraste caigan más de un 50 por ciento y todo el mundo a tu alrededor te recomiende venderlas). Para mantener tu independencia de criterio en medio de situaciones de pánico bursátil, tienes que haber realizado antes una valoración rigurosa de la acción adquirida; si no comprendes el negocio subyacente de tus acciones, ni cuál es su valor aproximado, es poco probable que evites la tentación de malvender tus acciones.

Después de mis inversiones, la cotización de Meta Platforms siguió cayendo en bolsa. El precio más bajo que alcanzó fue de 90 dólares por acción (equivalente a una capitalización de 240.000 millones de dólares), nivel alcanzado la primera semana de noviembre de 2022 tras las fuertes caídas bursátiles sufridas como consecuencia de la publicación de su informe de resultados del tercer trimestre de 2022, que no era nada bueno: los ingresos de la compañía estaban estancados y su beneficio caía un 50 por ciento por culpa del fuerte deterioro de márgenes operativos que sus inversiones habían causado (su plantilla de empleados aumentaba un 28 por ciento frente al año anterior, y sus costes de I+D, un 45 por ciento).

Con la cotización de Meta en 90 dólares por acción, perdía cerca de un 50 por ciento de mi inversión inicial en la compañía. ¿Qué me permitió conservar la calma en medio de tanto pesimismo?

Identifico varias razones por las cuales fui capaz de mantener la frialdad necesaria para no dejarme llevar por el miedo que cundía en el mercado, y al que muchos inversores estaban sucumbiendo (como demuestra la progresiva caída de la cotización de la com-

pañía): en primer lugar, el hecho de haber realizado un análisis riguroso y de tener claro el porqué de mi inversión inicial en Meta (y, no menos importante, el atractivo del precio al que la realicé), en segundo lugar, haber estructurado mi inversión de tal manera que no me viera obligado a malvender mis acciones en caso de que cayeran con fuerza en bolsa (había comprado mis acciones sin utilizar endeudamiento y tampoco había invertido dinero que necesitase en mi vida cotidiana, ni un porcentaje excesivamente grande de mi patrimonio para, así, evitar que la presión psicológica de una pérdida relevante enturbiara mi juicio) y, por último, no necesitaba el capital que había invertido en Meta para hacer frente a oportunidades de inversión más atractivas (¿acaso las había?).

La clave para tomar una buena decisión (en este caso, la de mantener mis acciones) dependía de entender los principales factores de los que dependía el valor de Meta. Enfoqué mi análisis en las dos variables que más preocupaban al mercado, que también eran aquellas que más influencia tenían sobre la salud financiera de su negocio, es decir, la solidez de su base de usuarios (que determinaba en última instancia el nivel de ingresos de la compañía) y la sostenibilidad de sus márgenes de beneficio.

La base de usuarios de Meta Platforms y su engagement

La evolución del número de usuarios de la compañía y su *engagement* eran los únicos aspectos positivos de los recientes informes de resultados de la empresa, ¡pero se trataba de los más importantes! De ellos dependían la facturación de la compañía y la evolución de su valor intrínseco. Ver que el número de usuarios de Meta no hacía más que crecer me dio la confianza necesaria para no malvender mis acciones.

El número de usuarios diarios activos en el conjunto de las redes sociales de Meta crecía algo más de un 1,5 por ciento intertrimestral (que suponía un ritmo de crecimiento anualizado más que saludable, de en torno al 6 por ciento), y había alcanzado la cifra de 2.930 millones de usuarios diarios a cierre del tercer trimestre de 2022. El número de usuarios de la red social más madura de la

compañía, Facebook, tampoco mostraba señales de deterioro (crecía un 1 por ciento intertrimestral y había alcanzado un récord de dos mil millones de usuarios en septiembre de 2022), gracias a la estabilidad de su base de usuarios norteamericanos y al crecimiento experimentado en países emergentes.

Tabla 5.7. Incremento de usuarios diarios de Meta Platforms y Facebook (1T2021-3T2022)

Meta Platforms	**1T 2021**	**2T 2021**	**3T 2021**	**4T 2021**	**1T 2022**	**2T 2022**	**3T 2022**	**Promedio 3T2022-1T2021**
Incremento intertrimestral de usuarios activos diarios mundiales	4,6 %	1,5 %	1,8 %	0,4 %	1,8 %	0,3 %	1,7 %	1,7 %
Facebook	**1T 2021**	**2T 2021**	**3T 2021**	**4T 2021**	**1T 2022**	**2T 2022**	**3T 2022**	**Promedio 3T2022-1T2021**
Incremento intertrimestral de usuarios activos diarios mundiales	1,8 %	1,6 %	1,2 %	–0,1 %	1,6 %	0,4 %	0,8 %	1,0 %
Incremento en Norteamérica	0,0 %	0,0 %	0,5 %	–0,5 %	0,5 %	0,5 %	0,0 %	0,1 %

Fuente: Elaboración propia a partir de informes de resultados de Meta Platforms.

Las redes de Meta Platforms seguían siendo las que aglutinaban un mayor número de usuarios, y su *engagement* no se estaba deteriorando. Además, mi idea de que TikTok, comparada con las redes sociales de Meta, era una red de menor alcance (tanto por su enfoque en el segmento de usuarios más jóvenes como por su especialización en la visualización de contenido de entretenimiento) parecía estar resultando correcta. El hecho de que las redes de Meta tuvieran una mayor base de usuarios (y de perfil más variado), y que éstos realizaran actividades más diversas dentro de ellas, suponía un mayor atractivo para el anunciante y, por tanto, conllevaría siempre una cuota de mercado dominante del gasto publicitario en redes sociales.

Gráfico 5.3. Usuarios de Meta Platforms y Facebook (1T2021-3T2022)

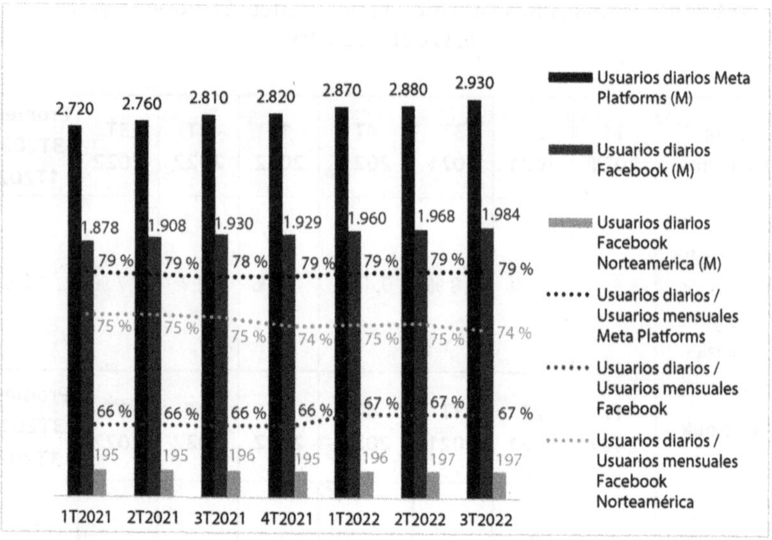

Fuente: Elaboración propia a partir de informes de resultados de Meta Platforms.

Como puede apreciarse en la tabla 5.8, Facebook e Instagram lideraban los diferentes tipos de actividad llevada a cabo por los usuarios de redes sociales (interacción con amistades, ya sea vía mensajería o publicaciones de contenido multimedia, rastreo de la actualidad y búsqueda de noticias, seguimiento de marcas...), a excepción de la visualización de contenido de entretenimiento (que dominaban TikTok y YouTube). Dicha variedad de actividades la hacía, además, una base de usuarios más grande y heterogénea. Por ello mismo, las principales redes sociales de Meta Platforms (sobre todo, Instagram y Facebook), podían verse como redes sociales totalizadoras que inevitablemente atraerían a un mayor, y más diverso, grupo de anunciantes. Además, los tipos de actividad que dominaban las principales redes de Meta eran aquellos en los que el canal publicitario podía recabar una información comercial más relevante para el anunciante (información de carácter más personal).

Gráfico 5.4. Millones de usuarios activos mensuales por red social (julio de 2022)[59]

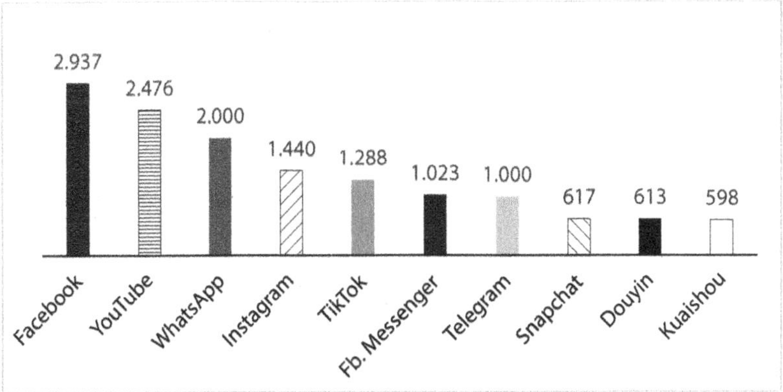

Fuente: Elaboración propia a partir de DataReportal.

Tabla 5.8. Porcentaje de usuarios (de entre 16 y 64 años) que dicen utilizar una red social para una determinada forma de actividad (1T2022)

Red social	Entretenimiento	Búsqueda y seguimiento de marcas y productos	Seguimiento de actualidad y noticias	Mensajería con amistades	Compartir contenido personal
Facebook	55 %	56 %	60 %	71 %	65 %
Instagram	61 %	63 %	52 %	51 %	70 %
LinkedIn	14 %	27 %	30 %	15 %	18 %
Pinterest	24 %	39 %	16 %	9 %	16 %
Snapchat	36 %	23 %	22 %	36 %	43 %
TikTok	79 %	34 %	32 %	16 %	35 %
Twitter	36 %	37 %	61 %	22 %	30 %

Fuente: Elaboración propia a partir de DataReportal.[60]

59. Simon Kemp, «Digital 2022: July Global Statshot Report», *DataReportal*, 21 de julio de 2022, <https://datareportal.com/reports/digital-2022-july-global-statshot>.

60. Ibídem.

Atendiendo a encuestas sobre las preferencias de los usuarios por rangos de edad y sexo, y a rankings de descargas en App Store y Google Play, también podía apreciarse cómo las redes sociales de Meta Platforms seguían siendo las más populares. Además, mientras que los usuarios de las plataformas de Meta Platforms no tenían por qué serlo de TikTok, sí que sucedía que los usuarios de la aplicación china estaban casi siempre también en las redes sociales de Meta, lo que indicaba que estas últimas eran más indispensables para el conjunto de la población:

Tabla 5.9. Porcentaje de usuarios de una red social que también utiliza otras redes (1T2022)

	También usan Facebook	También usan YouTube	También usan WhatsApp	También usan Instagram	También usan TikTok	También usan Snapchat	También usan Twitter
Usuarios Facebook	100 %	74 %	73 %	79 %	51 %	33 %	49 %
Usuarios YouTube	79 %	100 %	72 %	78 %	48 %	30 %	51 %
Usuarios WhatsApp	82 %	76 %	100 %	81 %	49 %	35 %	49 %
Usuarios Instagram	83 %	77 %	76 %	100 %	53 %	37 %	54 %
Usuarios TikTok	84 %	79 %	73 %	84 %	100 %	41 %	57 %
Usuarios Snapchat	84 %	78 %	79 %	89 %	62 %	100 %	62 %
Usuarios Twitter	84 %	79 %	75 %	88 %	58 %	51 %	100 %

Fuente: Elaboración propia a partir de DataReportal.[61]

Esto no significaba que TikTok no fuera a seguir creciendo a un ritmo elevado, simplemente reflejaba que la popularidad de las redes sociales de Meta no se estaba deteriorando, lo cual me

61. Ibídem.

daba mucha confianza en la capacidad de la compañía de sostener su envidiable posición competitiva y de seguir siendo uno de los grandes beneficiarios del crecimiento estructural de la industria de la publicidad digital, incluso a pesar de la amenaza de nuevos competidores y formatos publicitarios emergentes.

La sostenibilidad de los márgenes de beneficio de Meta Platforms

Como dije, gran parte de los costes operativos de Meta Platforms eran inversiones de crecimiento (en vez de costes operativos necesarios para mantener la posición competitiva de su negocio en aquel momento). Además, su estructura de costes tenía un fuerte componente de costes fijos (Meta, para generar 1 dólar adicional de ingresos, no necesitaba gastar 1 dólar adicional, de hecho, apenas necesita gastar nada para generar nuevos ingresos). También pensaba que las inversiones de la compañía en su división del metaverso eran de naturaleza discrecional y que podía racionalizarlas y ajustarlas, si quisiese, al tamaño real de dicho negocio.

En noviembre de 2022, Mark Zuckerberg anunció una inminente reestructuración de la organización y llevó a cabo una oleada de despidos sin precedentes. Como consecuencia, la plantilla de empleados de Meta se reduciría un 22 por ciento en 2023, mientras que sus ingresos crecerían un 16 por ciento (con lo que mi punto de vista sobre la naturaleza de la estructura de costes de la compañía quedaba confirmado). Tras el anuncio, Meta comenzaría su rápida recuperación en bolsa.

5.2.5. El error que «cometí» en mi inversión en Meta Platforms

Si bien fui capaz de mantener mis acciones de Meta Platforms en los momentos en que un mayor pesimismo rodeaba a la compañía, no pude evitar un grave error: el de no incrementar mi inversión a una valoración extremadamente atractiva.

Meta cotizaba a 90 dólares por acción (unos 240.000 millones de dólares de capitalización), es decir, a PER 6× sobre su beneficio de 2021 (excluyendo las pérdidas de su división del metaverso, el PER era incluso menor). Además, la compañía tenía una posición de caja neta que representaba ya cerca de un 15 por ciento de su capitalización bursátil.

No había que hacer casi ningún cálculo para valorar el atractivo de la oportunidad de inversión que ofrecían las acciones de Meta. Teniendo en cuenta que su base de usuarios seguía creciendo, y que los costes operativos de la compañía eran predominantemente fijos, estaba claro que Meta, a esos precios, era una ganga. Una evaluación prudente de Facebook e Instagram (asignándoles, por ejemplo, un PER modesto de 15× sobre su beneficio de 2021) concluiría que el valor de Meta era más de dos veces superior a su cotización del momento (bajo dicha hipótesis, Facebook e Instagram valdrían más de 500.000 millones de dólares; para llegar al valor real de Meta, habría que añadir, también, el valor de WhatsApp y de su posición de tesorería).

El mercado estaba asignando una valoración a Meta que, de forma implícita, daba por sentado que la compañía no lograría recuperar sus beneficios de 2021 (lo que demostraba la incapacidad de la comunidad financiera para comprender la estructura de costes de Meta) y que tampoco volvería a crecer (lo que demostraba la incapacidad de la comunidad financiera de diferenciar entre lo coyuntural y lo estructural, y de ver más allá del corto plazo).

¿Por qué no fui capaz de aprovechar esta gran oportunidad que se me presentaba? Quizá la agresividad de mis compras iniciales (destinando un 15 por ciento de mi patrimonio a la inversión), unida al inevitable sufrimiento psicológico que pudo infligirme la gran caída de la cotización de Meta, condicionó mi forma de actuar; me hizo pecar de conservador y no aprovechar una de las mejores oportunidades que ha dado la bolsa en los últimos años.

Cuando la cotización de una acción me parece lo suficientemente atractiva como para invertir en ella, suelo realizar mi inversión de forma determinante, concentrando el importe que he decidido destinar a dicha oportunidad en una sola transacción. Opero de esta manera porque, en primer lugar, sé que la evolución de los precios a corto plazo es impredecible (no sé si la cotización seguirá bajando o si, por el contrario, comenzará a subir; si me gusta la empresa, y el precio al que cotiza, ¿por qué no actuar?) y, en segundo lugar, porque me conozco y sé que, aunque suelo gestionar bien mis emociones ante una caída bursátil de mis acciones (evitando malvenderlas), a veces me repliego y no aumento mi inversión en una acción que cae por debajo de mi precio de compra.

Creo que esta forma de actuar está, en cierto modo, justificada por el hecho de ser consciente de mis limitaciones, es decir, por saber que, en una determinada inversión puedo estar equivocado. Además, no sólo hay que tener en cuenta las limitaciones personales (saber lo que se comprende y lo que no), sino que también hay que ser consciente de que existe la posibilidad de que haya variables que ni siquiera uno sabe que desconoce; no es inteligente seguir «apostando» sin límite por una idea sin considerar la posibilidad de estar cometiendo un grave error. Como dice Li Lu: «Lo más importante en la inversión es la honestidad intelectual del inversor. Con esto me refiero a cuatro cosas: saber lo que uno sabe, saber lo que uno no sabe, saber lo que no es necesario saber, y saber que siempre existe la posibilidad de que uno no sepa que no sabe algo».[62]

El hecho de haber sido disciplinado me exime de parte de la culpa; pienso que, a largo plazo, la prudencia puede contribuir (y mucho) a mejorar mis rentabilidades (quizá tanto como la brillantez de una determinada decisión de inversión). Sin embargo, sigo considerando que cometí un error grave de verdad; tenía que haber sido más agresivo de lo normal al tratarse de una oportunidad de inversión totalmente extraordinaria (además, esto no hubiera comprometido, incluso aunque la inversión no hubiera resultado exitosa, mi situación económica gene-

62. «Know what you don't know», *Graham & Doddsville. An investment newsletter from the students of Columbia Business School*, 18 (2013), pp. 24-35, <https://assets-global.website-files.com/5ef3c7300432b40ed865991a/642e161699ad88498e9c681a_2013-03-28 %20Graham %20 %26 %20Dod dsville %20Article_LL.pdf>.

ral: contaba con un trabajo estable, no tenía una familia a la que mantener, etc.).

Aunque mi inversión en Meta Platforms acabó siendo un importante acierto, no fui tan determinante como debiera a la hora de invertir en sus acciones, en especial cuando la cotización de la compañía llegó a niveles ridículos que infravaloraban significativamente la calidad de su negocio. Mi inversión en Meta terminó siendo un gran éxito gracias a que fui capaz de enmendar mi error con una decisión posterior, la cual consistiría en no vender y resistir a la tentación (a la que la comunidad financiera suele sucumbir con tanta facilidad) de realizar plusvalías.

5.3. Meta Platforms y la decisión de no vender

Un día de junio de 2023, mi amigo Guillermo Martín me preguntó si había llegado el momento de vender acciones de Meta Platforms. Mi respuesta fue tajante: «No».

La cotización de la compañía había cerrado en 289 dólares el viernes anterior, lo que significaba que ganaba un 50 por ciento frente a mi precio medio de compra (sólo un año después de la inversión inicial). Es lógico que mi amigo me planteara la cuestión, sobre todo teniendo en cuenta la rápida recuperación que había experimentado la acción en los últimos meses y el inevitable sufrimiento que vivimos en 2022 como consecuencia de su caída bursátil; la cotización de Meta había subido un 220 por ciento desde los mínimos registrados en noviembre de 2022 (momento en que acumulaba pérdidas de un 50 por ciento en mi inversión).

A pesar de la positiva evolución bursátil de la compañía en los últimos meses, no me parecía sobrevalorada; cotizaba a PER 19× sobre su beneficio de 2021. Meta recuperaría ese nivel de beneficios en 2023 gracias a la reactivación del crecimiento de su facturación y a las importantes medidas de recortes de gastos implementadas. Además, la compañía había aprovechado las caídas bursátiles de 2022 para recomprar acciones (aunque sin la agresividad que me hubiera gustado, y beneficiado, como accionista), su solidez financiera seguía intacta, y las dudas respecto a la sostenibilidad de su negocio continuaban disipándose progresivamente (el número de usuarios activos en sus redes seguía en aumento y no había señales de deterioro en el tiempo medio de uso por usuario).

La decisión de mantener mi inversión en la compañía no era complicada... todavía. Sin embargo, su cotización siguió subiendo con fuerza durante los meses siguientes, especialmente tras publicar Meta sus resultados del cuarto trimestre de 2023, día en que su cotización cerró en 475 dólares, niveles nunca antes alcanzados (más tarde, seguiría subiendo: superaría los 525 dólares por acción en poco más de un mes y los 700 dólares a principios de 2025). En esas fechas, mi amigo Guillermo volvió a preguntarme por Meta: «¿En qué momento empieza a estar cara?».

Esto es lo que le respondí: «Supongo que soy muy flexible en cuanto a cómo de cara puede llegar a estar sin, por ello, venderla... Para mí, todavía está lejos de ese punto. Pienso que sólo debo vender si su negocio se deteriora estructuralmente, si encuentro una oportunidad bastante más atractiva, o si su precio alcanza niveles injustificables».

5.3.1. La decisión de venta depende de la naturaleza del objeto de la inversión y del estilo de inversión del inversor

Llegados a este punto, conviene profundizar en la decisión de venta de una inversión. La decisión de venta es, con diferencia, más difícil que la de compra. Además, no existe una forma estándar de actuación; deshacerse de una acción tiene mucho que ver con el estilo de inversión del inversor y, sobre todo, con las circunstancias particulares de la inversión en cuestión.

A priori, puede parecer que la respuesta que di a mi amigo no es racional, que es la respuesta que oirías del típico especulador avaricioso que quiere ganar hasta el último céntimo en un *rally* bursátil que, inevitablemente, acabará mal. Sin embargo, esto no es así. ¿Por qué, pues, respondí que soy flexible en cuanto a mantener en cartera acciones que no parecen estar baratas, y por qué consideraba que Meta Platforms cotizaba todavía lejos de niveles en los que me plantearía venderla?

En primer lugar, cabe destacar que para invertir con éxito es necesario ser consciente de tu estilo de inversión y trabajar para que éste concuerde con tu personalidad. Así lo expresaba Li Lu en una entrevista de la Columbia Business School: «Parte del juego de la inversión consiste en ser uno mismo. Debes encontrar un estilo que se adapte a tu personalidad».[63] En segundo lugar, hay que recordar que el valor intrínseco de una empresa no es algo que pueda determinarse con precisión (sobre todo en el caso de compañías de alto crecimiento), con lo que sólo podemos saber, de forma aproximada, si sus acciones están claramente infravaloradas, claramente sobrevaloradas, o cotizando en un rango amplio que podemos considerar próximo a su valor real.

Mi estilo de inversión está muy influenciado por Charlie Munger y Warren Buffett. La filosofía de Munger (que también influyó en la evolución del estilo de inversión del propio Buffett) se basa en comprar acciones de empresas de calidad a precios atractivos y mantenerlas en cartera (una cartera concentrada en unas pocas inversiones de convicción) a largo plazo. La inversión personal de Munger que mejor representa su estilo de inversión (aparte de Berkshire Hathaway) es Costco; Munger adquirió sus acciones a finales de los años noventa y las mantuvo intactas a lo largo de las siguientes dos décadas, generando rentabilidades superiores a las del mercado incluso a pesar de parecer sobrevaloradas durante parte de dicho período. Siempre tengo presente el consejo de Munger acerca del interés compuesto: «No lo interrumpas innecesariamente».[64]

Como se deduce de esto, mi estilo de inversión se caracteriza por un alto grado de inactividad, lo cual se adapta a mi personalidad a la perfección: no me gusta operar en bolsa; analizar y comprar un negocio de calidad a un precio atractivo con el objetivo de mantenerlo en cartera durante años me estimula, pero no me atrae la idea de venderlo sólo porque algún participante del mercado quiera comprar mis acciones a un precio mayor que el

63. Ibídem.

64. Peter Kaufman, *op. cit.*

que yo pagué por ellas. En este sentido, mi punto de vista es parecido al de Buffett y Munger: «Cuando somos dueños de negocios excepcionales, dirigidos por directivos excepcionales, nuestro período de tenencia preferido es para siempre».[65] Dicho esto, hay que matizar que sólo es inteligente mantener en cartera una acción que no está claramente infravalorada si su valor intrínseco crece a un ritmo elevado y si el grado de sobrevaloración no es excesivo.

Comprender mi estilo de inversión (y no menos importante, mi decisión de no apartarme de él) condicionó mi actuación a la hora de decidir no vender mis acciones de Meta; a no ser que fuera inevitable (por ejemplo, por un grado de sobrevaloración extremo), no interrumpiría la fuerza del interés compuesto en el tiempo y mantendría intacta mi inversión en la compañía.

Merece la pena recordar que no es fácil determinar cuándo una empresa está sobrevalorada, especialmente cuando se trata de un negocio que puede incrementar sus beneficios a un ritmo alto (aquí es donde entra en juego la otra variable de la que depende la decisión de venta, es decir, comprender la naturaleza de la inversión en cuestión) durante un horizonte temporal extenso (en el caso de Meta, esperaba que sus beneficios siguieran creciendo por encima de la economía a lo largo de la próxima década, como mínimo). Citando, de nuevo, a Munger: «Hay una gran banda de valoración, y lo importante es calibrar los extremos»;[66] tan sólo vendería (o reduciría) mi inversión en Meta Platforms en el caso de que su cotización llegara a alcanzar niveles del todo injustificables.

También influyó en mi actuación el hecho de saber que un error común que suelen cometer hasta los mejores *value investors* es el de vender demasiado pronto inversiones exitosas en empresas de calidad con negocios de crecimiento. Paradójicamente, este error deriva de una de las principales virtudes con la que cuentan estos inversores: la disciplina. El hecho de ser disciplinados en el precio de compra de sus acciones les condiciona al

65. Warren Buffett, «Letter to the shareholders», Berkshire Hathaway, 28 de febrero de 1989, <https://www.berkshirehathaway.com/letters/1988.html>.
66. Mohammad Siddiquee, *op. cit.*

tener que decidir si mantener intactas posiciones de su cartera donde la infravaloración deja de ser obvia.

Hay que tener en cuenta que no es fácil intuir el valor de un negocio de alto crecimiento (por naturaleza somos bastante torpes a la hora de asimilar la fuerza del interés compuesto en el tiempo), por lo que, a menos que el grado de sobrevaloración sea extremo, conviene no vender acciones de compañías de este tipo. Como dice Jeff Bezos (fundador y presidente de Amazon): «Es natural en el ser humano sobrevalorar el riesgo e infravalorar la oportunidad».[67]

5.3.2. Razones por las que vender una inversión

Una vez explicada la primera parte de la respuesta que di a mi amigo cabe indagar en la segunda parte del mensaje: ¿Cuándo hay que vender una acción que se tiene en cartera, y cómo analizo mi inversión en Meta Platforms al respecto?

Existen tres razones por las que se debe vender una acción: 1) vender tras llegar a la conclusión de que la inversión fue un error (o por un error inicial de valoración o porque las circunstancias hayan invalidado, *a posteriori*, la tesis de inversión), 2) vender para obtener liquidez con la que aprovechar una oportunidad considerablemente más atractiva, y 3) vender porque la cotización llegue a un nivel que no pueda ser justificado por las características fundamentales de la compañía ni por unas estimaciones de crecimiento razonables.

1. Vender por llegar a la conclusión de que la inversión inicial fue un error

Si llegas a la conclusión de que tu tesis de inversión era equivocada, debes vender tus acciones (ya sea porque hayas cometido

67. «The Interview: From Amazon to Space - Jeff Bezos talks innovation, progress and what's next» [vídeo], YouTube, 5 de diciembre de 2024, <https://www.youtube.com/watch?v=s71nJQqzYRQ>.

un error de valoración o porque, aun teniendo razón inicialmente, el negocio de la compañía en la que hubieras invertido se haya deteriorado de forma estructural). Aunque esto es fácil de decir en un plano teórico, es difícil de poner en práctica.

Es raro comprar acciones de una empresa y que, desde el primer momento, su cotización suba y se mantenga siempre por encima de tu precio de compra; que la cotización de la compañía baje considerablemente después de tu compra no significa que hayas cometido ningún error... Pero existe la posibilidad de que sí estés equivocado.

En este tipo de situaciones, corres dos riesgos: el de malvender tus acciones dejándote llevar por tus emociones, cuando deberías mantenerlas (error que no sólo generará pérdidas efectivas, sino también la renuncia a las rentabilidades futuras que dicha acción produzca con el paso del tiempo), y el de esperar eternamente a que el mercado refleje el valor que percibes en una determinada inversión, siendo tu percepción equivocada (error que causará minusvalías que pueden, incluso, agudizarse con el paso del tiempo, y también la renuncia a las rentabilidades futuras que podrías obtener en otras acciones).

En la inversión bursátil es inevitable cometer errores (John Templeton decía que se podía llegar a ser un gran inversor incluso equivocándose en un tercio de las operaciones realizadas); lo grave es no ser capaz de reconocer cuándo se ha cometido uno.

Pero ¿cómo actuar con frialdad en esos momentos? Ni siquiera los mejores inversores son inmunes al efecto emocional que la evolución de las cotizaciones tiene sobre ellos, por lo que es recomendable usar reglas arbitrarias que te permitan no llegar a situaciones de presión extrema. Por ejemplo, Mohnish Pabrai aconseja no vender acciones con minusvalías en un período mínimo de dos o tres años desde su adquisición para, así, asegurarse de que la decisión de venta sea racional, en vez de emocional. Este criterio es doblemente beneficioso: te permitirá reducir el riesgo de vender una inversión que deberías mantener y el de esperar excesivamente a que la cotización converja (si es que lo llega a hacer) con un supuesto valor superior. Otra cosa que puede ayudarte consiste en tener reglas predeterminadas de diversificación, como propone

Guy Spier: «Antes de comprar una acción me imagino que ésta cae un 50 por ciento justo después de mi inversión y me pregunto si puedo vivir con ello. Sólo invierto la cantidad que me permita sobrellevar emocionalmente una situación así».[68]

¿Cómo evaluaba mi inversión en Meta Platforms al respecto?

La fortaleza del negocio de la compañía no sólo no se había debilitado desde que realicé mi inversión, sino que había aumentado: el número de usuarios de sus redes seguía creciendo; a finales de 2023, alcanzó un récord de tres mil ciento noventa millones (13 por ciento más que en el último trimestre de 2021). En cuanto al *engagement* de su base de usuarios, se podía llegar a la conclusión de que el usuario no estaba, por entonces, menos fidelizado que antes: el tiempo medio diario de uso de redes sociales por parte del usuario típico de internet no estaba decayendo (en los últimos años se había mantenido por encima de las dos horas), y las redes de Meta seguían acaparando un porcentaje dominante de dicho tiempo (los usuarios de Facebook, Instagram y WhatsApp utilizaban cada una de dichas redes más de treinta minutos diarios).

Gráfico 5.5. Usuarios de Meta Platforms (2019-2023)

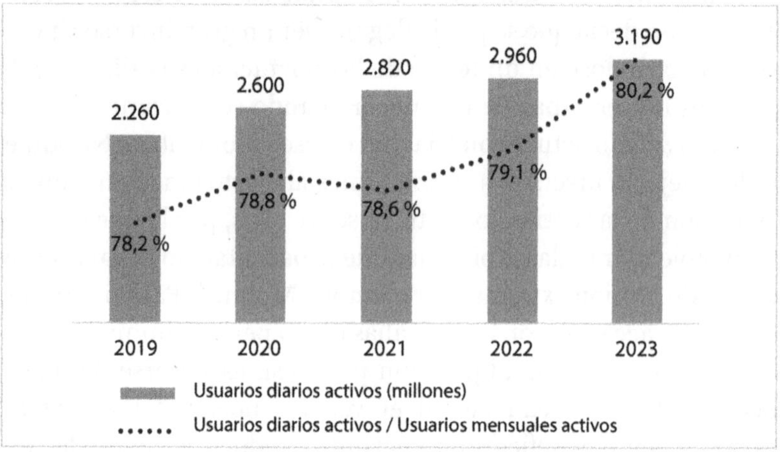

Fuente: Elaboración propia a partir de informes anuales de Meta Platforms.

68. Guy Spier, *La educación de un inversor en valor: mi viaje de transformación en busca de la riqueza, la sabiduría y la iluminación*, Deusto, Barcelona, 2018.

La salud financiera de Meta seguía siendo envidiable; su facturación crecía a ritmos de doble dígito desde 2019 (muy por encima de la economía mundial) y sus márgenes de beneficios sobre ventas y ratios de rentabilidad sobre capital empleado seguían siendo excelentes:

Tabla 5.10. Principales magnitudes financieras de Meta Platforms (2019-2023)

Meta Platforms	2019	2020	2021	2022	2023	Crecimiento anual acumulativo 2019-2023
Ventas (M $)	70.697	85.965	117.929	116.609	134.902	18 %
Beneficio neto (M $)	18.485	29.146	39.370	23.200	39.098	21 %
Beneficio neto/ventas	26 %	34 %	33 %	20 %	29 %	-
ROCE	52 %	54 %	67 %	33 %	47 %	-

Fuente: Elaboración propia a partir de informes de resultados de Meta Platforms.

2. Vender para obtener liquidez con la cual poder invertir en una oportunidad considerablemente más atractiva

Como es lógico, si no dispones de liquidez con la que poder aprovechar una oportunidad de inversión más atractiva, debes reducir alguna (o todas) las posiciones de tu cartera (en mayor o menor proporción) para poder ejecutar la nueva inversión. Si, por el contrario, cuentas con fondos disponibles, no necesitarás vender. Evidentemente, esta última situación es preferible; no tendrías por qué hacer frente al dilema de qué vender, ni de cuánto vender de cada una de las posiciones que decidas reducir de tu cartera. Sin embargo, mantener posiciones de tesorería grandes puede suponer un lastre para las rentabilidades de una cartera (sobre todo en entornos de tipos de interés bajos).

¿Qué porcentaje de liquidez disponible debes conservar en tu cartera? No existe una solución única a este problema; inversores con diferentes estilos actuarán de distintas maneras. Por poner algún ejemplo, el gran inversor Walter Schloss mantenía en todo momento su cartera invertida por completo, mientras que otros famosos inversores como Seth Klarman se caracterizan por tener con frecuencia elevadas posiciones de efectivo. El propio Walter Schloss reconocía que su forma de actuar no tenía por qué ser la idónea, simplemente era la que mejor se adaptaba a su estilo de inversión: «Siempre estamos invertidos. Lo cual puede ser bueno y puede ser malo. Es un tema meramente psicológico. He llegado a la conclusión de que me siento más cómodo con todo el dinero invertido que manteniendo efectivo».[69]

Cabe destacar que el valor de mantener posiciones de efectivo en cartera no sólo deriva de la rentabilidad que dicha liquidez pueda aportar, sino también del comportamiento que fomenta en el inversor; quien esté dispuesto a acumular efectivo cuando las valoraciones bursátiles sean menos atractivas será capaz de aprovechar mejor aquellos momentos en que las oportunidades abunden. Como dice el equipo gestor de Akre Capital Management, es preferible invertir el efectivo disponible de forma oportunista: no tiene sentido analizar el nivel de efectivo de una cartera para determinar si comprar o no acciones; lo razonable es analizar la situación del mercado bursátil (las oportunidades que en él podamos encontrar) para determinar si es inteligente invertir la liquidez ociosa.[70]

Tampoco conviene que vendas una acción importante de tu cartera para realizar una nueva inversión a no ser que llegues a la conclusión de que la nueva oportunidad es significativamente más atractiva. Es normal que entiendas mejor la compañía de la que ya eres accionista que aquella de la cual todavía no lo eres; Walter Schloss afirmaba lo siguiente: «Un famoso dicho consiste en que uno nunca llega a conocer una acción hasta que no es

69. Kathryn M. Welling, «The right stuff - Why Walter Schloss is such a great investor», *Barron's National Business and Financial Weekly*, 15 de febrero de 1985, <https://valuehunter.wordpress.com/wp-content/uploads/2009/05/14136584-walter-schloss-barrons-19851.pdf>.

70. Akre Capital Management, *op. cit.*

su dueño. Y es cierto. Al principio analizas la acción desde fuera, no estás involucrado emocionalmente. Después de comprarla, eso cambia y ves los defectos con mayor claridad».[71] Al conocer mejor la empresa que piensas vender que la que te planteas comprar, sabrás valorar con más precisión a la primera; como consecuencia, es más probable que cometas errores en la valoración de la empresa que quieres comprar que en la de la empresa de la cual eres ya accionista... Por eso debes ser prudente y sólo vender una posición de tu cartera si el atractivo de la nueva oportunidad es considerablemente superior al de aquella a la que sustituirá.

Además, como ya comenté, cuanto mayor sea tu exigencia a la hora de incluir una nueva empresa en tu cartera, menor será la probabilidad de que te equivoques en tu decisión de compra. A la larga, reducir el número de errores (especialmente, de errores graves) es fundamental para tener éxito en bolsa; las matemáticas no engañan y demuestran que los fallos grandes pesan mucho sobre las rentabilidades de una cartera:

Gráfico 5.6. Plusvalías necesarias para recuperar un determinado nivel de minusvalías

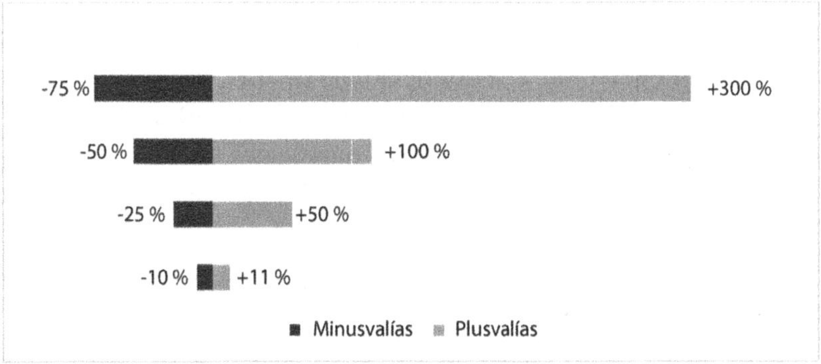

Fuente: Elaboración propia.

Por otra parte, la capacidad intelectual del inversor es limitada, mientras que el universo de inversiones potenciales es infini-

71. «Walter & Edwin Schloss - Part 1», *Outstanding Investor Digest*, 6 de marzo de 1989.

to. Por ello mismo, la calidad marginal de cada nueva idea de inversión, a partir de cierto número de inversiones simultáneas realizadas, tiende a decrecer. Warren Buffett recomienda no realizar más de veinte inversiones a lo largo de una vida (no tienes por qué tomarte esto al pie de la letra, lo fundamental es el mensaje que transmite); es probable que tengas menos convicción en tu idea de inversión número veinticinco que en tu primera idea (por lo que, seguramente, la calidad de tu decisión de inversión número veinticinco sea inferior a la primera). ¡Y no hablemos de tu idea número cuarenta o cincuenta! Sin embargo, la mayoría de los gestores de fondos de inversión (aquellos que no baten al mercado) insiste en tener carteras sobrediversificadas, lo cual hace un flaco favor a sus inversores (el regulador debería reflexionar, también, si los límites que impone a la concentración de las inversiones de determinados vehículos son coherentes). Como afirma Buffett: «La diversificación no es más que protección contra la ignorancia. Si quieres asegurarte de que no te pase nada malo en comparación con el mercado, simplemente lo compras todo. Es un enfoque muy válido para alguien que no sabe analizar negocios. Pero, si sabes valorarlos, es una locura comprar cincuenta, o cuarenta, o treinta acciones, porque no existen tantas empresas maravillosas que puedan ser entendidas por una sola persona. Y tener acciones de una empresa maravillosa para, después, invertir en tu idea número 30 o 35 en lugar de hacerlo en tu idea número 1 nos parece, a Charlie y a mí, una locura. Es una práctica convencional. Si sólo tienes que lograr resultados similares a la media, puedes conservar tu puesto de trabajo haciendo eso, pero, en nuestra opinión, es una confesión de que no entiendes los negocios de los que eres accionista».[72]

Volviendo al caso práctico de Meta Platforms, el hecho de mantener intacta mi inversión en la compañía no evitó que pudiera comprar otras acciones, tanto con liquidez disponible como

72. «Afternoon session - 1996 meeting», Warren Buffett Archive, CNBC, 23 de noviembre de 2018, <https://buffett.cnbc.com/video/1996/05/06/afternoon-session---1996-berkshire-hathaway-annual-meeting.html?&start=524&end=963>.

a través de la venta de acciones de empresas en las que mi convicción era menor. Por tanto, nunca tuve que reducir mi exposición a Meta para aprovechar otras oportunidades de inversión.

Analizar qué me llevó a vender otras acciones en lugar de Meta (y qué acciones estaba comprando) alargaría demasiado la disquisición; simplemente diré cuáles son las principales variables que considero para determinar qué posición de mi cartera reducir y cuál mantener:

1. Mi capacidad de entender el negocio de las empresas en cuestión. Evidentemente, esta no es siempre igual; en mi caso, suelo priorizar la inversión en compañías con las que interactúo a diario como cliente o usuario sobre aquellas con las que no tengo ninguna relación directa.
2. Las diferencias de calidad de sus negocios (mayores márgenes de beneficios y ratios de rentabilidad, negocios menos intensivos en capital, balances saneados, mi grado de afinidad y confianza en el equipo directivo, etc.).
3. Mi convicción en el potencial crecimiento de las empresas analizadas (entender los principales factores que determinan la evolución de cada compañía, analizar el potencial de la industria en la que opera cada una y la posición competitiva que ocupan dentro de ésta) y un análisis comparativo del atractivo de sus acciones al precio al que cotizan en un momento concreto.

La gente complica demasiado sus inversiones bursátiles; insisten en comprar acciones de empresas totalmente ajenas a sus vidas en vez de decantarse por aquellas con las que interactúan a diario, por ejemplo, como cliente o usuario (pero también, de otras maneras). Al fin y al cabo, por regla general, no es fácil que una empresa genere 1 dólar de ingresos gracias a cualquiera de nosotros, por lo que, si una empresa ha conseguido que compres ropa de su marca, o te suscribas a su servicio de *streaming*, o interactúes con tus amigos en su red social, es señal de que hacen algo bien... y, más importante todavía, ¡seguro que no eres su único cliente! Lógicamente, como consumidor recurrente de una empresa, es más fácil que entiendas la propuesta de valor de su producto o servicio en relación con las alternativas disponibles en el mercado (lo que es clave para el inversor); para invertir bien es fundamental que lo hagas sólo en empresas que comprendes.

3. Vender si las acciones de la compañía están claramente sobrevaloradas

Es evidente que esta tercera razón por la que vender una inversión está íntimamente relacionada con las dos anteriores; si el negocio de la compañía en la que invertiste se deteriora, es probable que sus acciones dejen de estar infravaloradas, incluso aunque coticen al mismo precio al que compraste, y si llegas a la conclusión de que la adquisición fue un error, es probable que sus acciones tampoco estén baratas. Además, si la compañía que compraste resultara estar sobrevalorada, encontrarías con facilidad alternativas más atractivas donde invertir tu dinero.

Es vital entender qué tipo de empresa es aquella que estás considerando vender, y cuál es el grado de sobrevaloración en el que se encuentra. ¿Es un negocio sobresaliente o uno mediocre? ¿Cuál es el crecimiento potencial de dicho negocio? ¿Cómo de alejada está su cotización de una estimación conservadora de su valor intrínseco?

Identificar un negocio de calidad no es complicado, lo difícil es comprarlo al precio adecuado... Pero ¡también suele resultar difícil venderlo a un precio adecuado! Con frecuencia, el inversor que vende acciones de una empresa verdaderamente extraordinaria acaba comprobando, *a posteriori* y de forma dolorosa, que el precio de venta era demasiado bajo. Esto se debe a que, como dije, el ser humano no se caracteriza por una gran capacidad para valorar, en su justa medida, la fuerza del interés compuesto en el tiempo (e infravalora, como consecuencia, el crecimiento potencial de una compañía de calidad).

Por ejemplo, Chris Davis afirma que el hecho de que haya ganado más de un cien por cien de rentabilidad en cada una de las tres inversiones que ha realizado en Amazon a lo largo de su carrera no demuestra su grado de inteligencia, ¡sino de estupidez! *A posteriori*, está claro que cada una de esas ventas fue un error (¡incluso a pesar de llevar aparejada una importante plusvalía!).

¿Cómo identificar un negocio de calidad? Básicamente, un negocio de calidad es aquel que genera rentabilidades extraordinarias sobre el capital empleado en sus operaciones. Como vimos, el S&P 500 ha generado un ROE medio de entre el 10 y el 15 por ciento en las últimas décadas. Por tanto, podemos decir que una empresa que genera a lo largo del tiempo un ROE superior al 20 por ciento (sin utilizar apalancamiento financiero excesivo) es una empresa de calidad superior a la media.

La cruda realidad del sistema capitalista es la siguiente: las rentabilidades elevadas atraen competencia. Tan sólo las compañías que poseen ventajas competitivas suficientemente fuertes serán capaces de resistir la presión de sus competidores y mantener a lo largo del tiempo sus extraordinarias rentabilidades. Las ventajas competitivas a las que me refiero varían según el caso que se analice: un cliente cautivo, ya sea como consecuencia de un alto grado de fidelización gracias a una marca fuerte (Apple, Cartier, etc.) o por los costes de cambio asociados con el consumo de un determinado producto o servicio (Microsoft y otros proveedores de software), permitirá a la compañía ejercer *pricing power* (o poder de fijación de precios); las economías de escala también son una poderosa ventaja competitiva que deriva en menores costes (como en Taiwan Semiconductor y Blackrock), efectos de red (Instagram, Google), etc.

Como ya expliqué, cuanto mayor sea el potencial crecimiento de una empresa, mayor podrá ser la flexibilidad del inversor a la hora de mantenerla en cartera, aunque no parezca infravalorada. Si la oportunidad comercial de su negocio es extraordinariamente grande y atractiva, el valor futuro de la compañía también lo será y, salvo que la divergencia entre la cotización de sus acciones y su valor intrínseco sea extrema, lo más probable es que no sea inteligente vender sus acciones. De todas formas, no se puede perder de vista un matiz: el potencial crecimiento de una compañía sólo es relevante si ésta cuenta con un *moat* ('ventaja competitiva') suficientemente profundo como para impedir que la competencia acabe erosionando su cuota de mercado y las rentabilidades que genera sobre su capital.

Uno de los ejemplos más llamativos de la historia sobre cómo la ausencia de barreras de entrada permitió que la competencia arrasase con los beneficios de una industria lo hallamos en el sector automovilístico estadounidense. Durante la junta general de accionistas de Berkshire Hathaway de 2021, Buffett recordó que, aunque a lo largo de los años habían surgido más de dos mil fabricantes de automóviles estadounidenses (atraídos por la inmensa oportunidad comercial que suponía la motorización de la creciente población de ese país en el siglo xx), en 2007 sólo quedaban tres en pie... General Motors y Chrysler quebraron en la crisis financiera de 2008, y, aunque Ford se salvó, no fue gracias a la fortaleza de su negocio, sino a la suerte.

Aunque la calidad del negocio de una acción que tengas en cartera sea muy alta, y aunque su potencial crecimiento de beneficios sea todavía atractivo, tampoco hay que olvidar que la cotización de la compañía puede estar radicalmente alejada de su valor intrínseco; en cuyo caso, la venta estaría justificada (como Cisco, Intel o IBM en el año 2000). Pero si la acción en cuestión es de una calidad extraordinaria, tan sólo una sobrevaloración extrema derivará en una decisión de venta; no basta con que la acción cotice a un precio aparentemente superior a su valor real (como vimos, a la hora de valorar una compañía de alto crecimiento, la precisión es una ilusión).

Pues bien, ¿estaba sobrevalorada Meta Platforms? Y si lo estaba, ¿cuánto?

En mi opinión, con la cotización de Meta ligeramente por encima de 525 dólares por acción (que suponía una capitalización bursátil de 1,37 billones de dólares), la acción no estaba lo suficientemente sobrevalorada (si es que lo estaba...) como para que me planteara vender; no pensé que fuera necesario reducir mi exposición a la compañía cotizando a esas valoraciones, y mucho menos deshacer la posición por completo, aunque ésta supusiera ya un 20 por ciento de mi cartera).

Evidentemente, para llegar a esta conclusión, primero había que entender la naturaleza del negocio de Meta para, así, poder determinar el tipo de empresa que era. ¿Se trataba de un negocio sobresaliente, o no? ¿Cómo de fuerte era su negocio, y cuál la profundidad de su *moat*?

Meta Platforms era la segunda mayor agencia de publicidad del mundo. El negocio publicitario de Meta se caracterizaba por tener grandes economías de escala y una base de usuarios fidelizada (gracias a fuertes «efecto de red» y hábitos de uso consolidados), ventajas competitivas que protegían sus extraordinarias rentabilidades sobre el capital empleado en sus operaciones y que se retroalimentaban a medida que la compañía crecía.

Tabla 5.11. Principales magnitudes financieras de Meta Platforms y del S&P 500 (2017-2023)

Meta Platforms	2017	2018	2019	2020	2021	2022	2023	Promedio 2017-2023
Crecimiento de ventas	47 %	37 %	27 %	22 %	37 %	−1 %	16 %	26 %
Beneficio neto/ventas	39 %	40 %	26 %	34 %	33 %	20 %	29 %	32 %
Flujo de caja libre/ beneficio neto	110 %	69 %	115 %	81 %	99 %	83 %	112 %	96 %
ROE	21 %	26 %	18 %	23 %	32 %	18 %	26 %	23 %
ROCE	62 %	58 %	52 %	54 %	67 %	33 %	47 %	53 %
Recursos propios/ Activos totales	88 %	86 %	76 %	81 %	75 %	68 %	67 %	77 %
Deuda financiera neta/EBIT	−2,1	−1,7	−2,3	−1,9	−1,0	−1,1	−1,0	−1,6

…/…

.../...

S&P 500	2017	2018	2019	2020	2021	2022	2023	Promedio 2017-2023
Crecimiento de ventas	6 %	9 %	5 %	−3 %	12 %	15 %	4 %	7 %
Beneficio neto/ventas	11 %	12 %	12 %	11 %	13 %	13 %	12 %	12 %
Flujo de caja libre/ beneficio neto	87 %	81 %	82 %	100 %	89 %	77 %	75 %	85 %
ROE	14 %	16 %	15 %	11 %	19 %	19 %	18 %	16 %
ROCE	14 %	15 %	13 %	11 %	18 %	18 %	16 %	15 %
Recursos propios/ Activos totales	21 %	21 %	21 %	20 %	20 %	20 %	21 %	21 %
Deuda financiera neta/EBIT	2,1	2,1	2,8	2,7	1,4	1,7	2,0	2,1

Fuente: Elaboración propia a partir de Bloomberg y de informes de resultados de Meta Platforms.

Meta Platforms era una compañía de calidad muy por encima de la media; su ritmo de aumento de ventas era alto y superior al crecimiento medio de la economía (gracias a que sus redes sociales canalizaban el incremento de penetración de la publicidad digital sobre el gasto publicitario total), mantenía márgenes de beneficios tres veces más altos que los del S&P 500 (y transformaba prácticamente la totalidad de sus beneficios en flujo de caja distribuible para sus accionistas), y sus ratios de rentabilidad sobre recursos propios y capital empleado eran excelentes, y superiores a los del S&P 500.

Además, la comparación previa no refleja la diferencia real existente entre la rentabilidad del negocio publicitario de Meta y el S&P 500, ya que las enormes inversiones (pérdidas operativas de más de 10.000 millones de dólares anuales) de la compañía en su división de realidad virtual empañaban los márgenes y rentabilidades de su negocio publicitario básico.

Tabla 5.12. Desglose del beneficio operativo de Meta Platforms (2019-2023)

Meta Platforms	2019	2020	2021	2022	2023	Promedio 2019-2023
EBIT (M $)	23.986	32.671	46.753	28.944	46.751	-
EBIT/ventas	34 %	38 %	40 %	25 %	35 %	34 %
EBIT negocio publicitario (M $)	28.489	39.294	56.946	42.661	62.871	-
EBIT/ventas negocio publicitario	41 %	46 %	49 %	37 %	47 %	44 %
EBIT negocio metaverso (M $)	–4.503	–6.623	–10.193	–13.717	–16.120	-
EBIT/ventas negocio metaverso	–899 %	–581 %	–448 %	–635 %	–850 %	–683 %

Fuente: Elaboración propia a partir de informes de resultados de Meta Platforms.

El negocio publicitario de Meta Platforms exhibía márgenes de beneficios sobre ventas envidiables, de en torno al 50 por ciento. Las inmensas pérdidas de la división de realidad virtual distorsionaban sus márgenes. Esos números rojos había que analizarlos desde otro ángulo; no desde la calidad del negocio de la compañía, sino desde la calidad de la dirección de la compañía y de su estrategia de asignación de capital.

Está claro que el negocio de Meta Platforms era de calidad muy superior a la media. Pero ¿estaban sobrevaloradas sus acciones? Y, si es así, ¿cuánto? ¿Justificaba el potencial crecimiento de la empresa mantener sus acciones en cartera?

Cotizando a 525 dólares por acción, Meta Platforms tenía una capitalización de 1,37 billones de dólares. La compañía contaba una posición de caja neta, a cierre de diciembre de 2023, de alrededor de 47.000 millones de dólares. En 2024, los resultados operativos de Meta seguían creciendo a buen ritmo y se esperaba que la compañía alcanzase un beneficio neto récord de en torno a 60.000 millones de dólares. Por tanto, Meta cotizaba a un PER (sobre beneficio estimado de 2024) de 23×, que equivalía a una rentabilidad sobre beneficio (o *earnings yield*) de algo más del 4 por ciento. Suponiendo que las inversiones de su división del metaverso fueran extraordinarias, el beneficio de Meta sería de más de 70.000 millones de dólares. Por tanto, el PER al que cotizaba la compañía, excluyendo las inversiones en su división del metaverso, era de alrededor de 20× (*earnings yield* del 5 por ciento).

La compañía cotizaba a un PER elevado (pero no extremo). El precio de mercado de Meta Platforms parecía razonable, al menos en comparación con la rentabilidad alternativa libre de riesgo (tipos de interés de la deuda soberana estadounidense; los bonos a largo plazo de Estados Unidos ofrecían rentabilidades del 4 por ciento) y con la rentabilidad por beneficios de una cesta de acciones diversificada (el S&P 500 cotizaba a un PER de 26×, a un *earnings yield* del 3,8 %). Esta sencilla comparación nos indicaba que la cotización de Meta estaba lejos de niveles claros de sobrevaloración.

Un accionista de Meta Platforms podía esperar, con la compañía cotizando a 525 dólares por acción, una rentabilidad futura de en torno al 10 por ciento (bajo la hipótesis de que Meta destinara la mayoría de su beneficio a realizar recompras de acciones, que su beneficio creciese un 7 por ciento anual, y que su multiplicador PER se contrajese ligeramente, por ejemplo, hasta 20× a lo largo de diez años). Dicha rentabilidad esperada del 10 por ciento era claramente superior a la que podía esperarse del S&P 500 y a los tipos de interés del momento.

Tabla 5.13. Comparación de la rentabilidad esperada de Meta Platforms y del S&P 500 (con Meta cotizando a 525 dólares por acción)

	Meta Platforms	S&P 500
PER	23	26
Rentabilidad por beneficio (*earnings yield*)	4,3 %	3,8 %
Rentabilidad por dividendo (a)	0,4 %	1,2 %
Crecimiento estimado de beneficio por acción a largo plazo (b = c + d)	11 %	6,7 %
Recompras de acciones (c)	4 %	1,7 %
Crecimiento de beneficio a largo plazo (d)	7 %	5,0 %
Rentabilidad total esperada (a + b)	11,4 %	7,9 %
Rentabilidad total esperada suponiendo contracción de PER (hasta PER 20x)	9,5 %	5,3 %

Fuente: Elaboración propia.

5.3.3. La precisión no es necesaria en la inversión bursátil

Los cálculos realizados anteriormente no buscan la precisión, sino que, simplemente, tratan de dar una idea acerca de cómo pienso en mis inversiones al enfrentarme a la decisión de vender (o mantener) mis acciones en el caso de una inversión exitosa en una compañía que posee un negocio de calidad y crecimiento.

Lo importante no es la exactitud de los cálculos de una valoración, sino que el análisis cualitativo sea acertado y que el inversor aplique siempre en sus inversiones un margen de seguridad adecuado que le proteja de una posible evolución adversa de los acontecimientos. Conviene recordar al respecto una famosa cita de John Maynard Keynes, que dice así: «Es mejor estar más o menos en lo correcto que ciertamente equivocado».

5.3.4. Aprovecha la «única» ventaja que te dará Hacienda como inversor

Si hubiera vendido mis acciones de Meta Platforms, dadas las plusvalías que acumulaba, tendría que haber hecho frente a un pago impositivo elevado en comparación con mi capacidad de ahorro (lo que no me hacía especial ilusión). De todas maneras, fue otro motivo fiscal el que de verdad contribuyó a mi decisión de no vender mis acciones: el hecho de ser consciente de que el diferimiento de la tributación al momento de venta supone una gran ventaja para el inversor a largo plazo.

Imagina dos inversores que generan un 15 por ciento anual de rentabilidad en sus inversiones durante veinte años y que la tasa impositiva sobre ganancias de capital es del 20 por ciento; el primero no vende sus inversiones (por lo que no tributa) hasta el final del período, mientras que el segundo es más activo y rota su cartera al término de cada año (por tanto, paga impuestos sobre las plusvalías generadas cada ejercicio). ¿Cuál sería el resultado final de ambos?

Tabla 5.14. La importancia del diferimiento del pago de impuestos

	Inversor «perezoso» Rentabilidad: 15 % anual	**Inversor «hiperactivo» Rentabilidad: 15 % anual**
Inversión inicial	10.000 €	10.000 €
Año 5	20.114 €	17.623 €
Año 10	40.456 €	31.058 €
Año 15	81.371 €	54.736 €
Año 20	163.665 €	96.463 €
Patrimonio final	132.932 €	96.463 €
Pago total de impuestos	30.733 €	21.616 €

Fuente: Elaboración propia.

El inversor «perezoso» ganará unos 36.500 euros más que el inversor «hiperactivo» del ejemplo a pesar, incluso, de ser «igual» de buen inversor (obtiene la misma rentabilidad bruta en sus inversiones) y un mejor contribuyente (acaba pagando más impuestos).

El diferimiento del pago de impuestos básicamente funciona como un préstamo sin tipo de interés que Hacienda concede al inversor, permitiéndole exprimir la fuerza del interés compuesto en el tiempo y maximizar el resultado de sus inversiones. Hacienda no te va a poner las cosas fáciles ¡por lo que conviene que aproveches las pocas ventajas que te conceda!

5.3.5. La importancia de la perseverancia y el diferimiento de gratificaciones en la inversión

Para cerrar la disquisición sobre la decisión de venta (o no) de una acción, me gustaría hacer referencia a Warren Buffett, un ejemplo de inversor con mentalidad de largo plazo. Algunas de sus inversiones más características, como American Express o Coca-Cola, comparten un marco conceptual similar al expuesto en el ejemplo de Meta Platforms de este capítulo.

En la carta a los accionistas de Berkshire Hathaway incluida en su informe anual de resultados de 2022, Buffett reflexiona así sobre el éxito de Berkshire: «En los cincuenta y ocho años que he dirigido Berkshire, la mayoría de mis decisiones de asignación de capital no han sido más que regulares. En algunos casos, además, hemos salido ilesos de mis malas decisiones por grandes dosis de suerte. [...] Nuestros satisfactorios resultados son producto de alrededor de una docena de decisiones verdaderamente buenas».[73] Un análisis de la historia de Berkshire Hathaway nos llevaría a la conclusión de que dichas doce decisiones no son otras que las inversiones en las aseguradoras National Indemnity Company y GEICO, las adquisiciones de See's Candies, BNSF y MidAmerican Energy, las inversiones en acciones

73. Warren Buffett, «Letter to the shareholders», Berkshire Hathaway, 25 de febrero de 2023, <https://www.berkshirehathaway.com/letters/2022ltr.pdf>.

de Coca-Cola, American Express y Apple, y alguna otra decisión importante más.

Esta afirmación nos recuerda una cosa que he tratado en estas páginas (de forma más o menos explícita en función de la fase de la explicación), y que es el denominador común de las doce grandes decisiones a las que Buffett se refiere y de mi inversión personal en Meta Platforms: que lo importante no es tanto la brillantez de la acción inicial (en una inversión, la compra original) sino la determinación de perseverar en una decisión correcta a lo largo del tiempo; en el caso de una inversión, la decisión activa de no hacer nada, es decir, la decisión de no vender, la capacidad de sacrificar una satisfacción inmediata por una mayor gratificación en el futuro.

6

Margen de seguridad invirtiendo en Asia

A principios de 2024 acudí a una conferencia organizada por LVDC. No depositaba grandes expectativas en el evento; aunque el desayuno que suelen poner es bueno (sus minisándwiches mixtos son casi adictivos), probablemente no oiría nada destacable ni original (sus expectativas de bajadas de tipos de la FED, la «importancia» de algún indicador macroeconómico para hacer buen *timing* del mercado, la rentabilidad histórica de sus carteras modelo (cómo no, invertidas un 40 por ciento en renta fija y un 60 por ciento en renta variable), etc. Sin embargo, esta vez sucedió algo extraordinario durante el encuentro...

Se trataba de una conferencia de perspectivas de inversión de LVDC, y a ella habían acudido muchos de sus acaudalados clientes (o los profesionales que se encargaban de la gestión de sus patrimonios); siempre he pensado que, en este tipo de eventos (habituales en la rutina de la comunidad financiera), a quienes preferiría escuchar es a los que forman parte de la audiencia en vez de a los ponentes (por motivos evidentes). ¡Qué lástima!

Tras la presentación del ponente, un alto directivo de LVDC recién aterrizado de Nueva York, llegó el turno de preguntas. El minutero seguía avanzando, dando vueltas a la esfera del reloj; parecía que tampoco fuera a suceder nada importante ese día... Alguna pregunta acerca de la previsión del banco sobre el tipo de cambio euro-dólar, otra sobre las probabilidades de que la economía estadounidense experimentase un «aterrizaje suave» en vez de una recesión de mayor magnitud, otra acerca del aparente atractivo de la bolsa europea frente a la estadounidense (por el mero hecho de cotizar a un PER más bajo)... Lo típico.

Pero, de pronto, como si un rayo hubiera caído en medio de la estancia, una respuesta del ponente llamó poderosamente mi atención. Ante una pregunta sobre alternativas de inversión en China, el directivo de LVDC respondió: «La oportunidad de inversión más atractiva en China es la India».

Silencio sepulcral. ¿De verdad había escuchado eso? Alguna sonrisa tímida asomó entre el público, pero nadie rompió el silencio. Hay momentos en los que uno ve con claridad, y ése era uno de ellos: «Ten miedo cuando los demás sean avariciosos, y avaricioso cuando los demás tengan miedo»,[74] resonaba en mi cabeza...

De pronto, algo se iluminó dentro de mí... como una revelación... Mi pulso se aceleró...

«¡Tengo que comprar acciones chinas!»

Tabla 6.1. Crecimiento anual acumulativo del PIB real de Estados Unidos, China y los *tigres asiáticos*

Crecimiento anual PIB real	**1980-1990**	**1990-2000**	**2000-2010**	**2010-2023**
China	9 %	10 %	11 %	7 %
Hong Kong	7 %	4 %	4 %	2 %
Corea del Sur	10 %	7 %	5 %	3 %
Taiwán	8 %	7 %	4 %	3 %
Estados Unidos	3 %	3 %	2 %	2 %

Fuente: Elaboración propia a partir del Fondo Monetario Internacional.[75]

74. Warren Buffett, «Letter to the shareholders», Berkshire Hathaway, 27 de febrero de 1987, <https://www.berkshirehathaway.com/letters/1986.html>.

75. World Economic Outlook Databases, Fondo Monetario Internacional, <https://www.imf.org/en/Publications/SPROLLs/world-economic-outlook-databases>.

Se han escrito muchos libros sobre el «milagro económico asiático», es decir, sobre el desarrollo económico de Japón, China y los denominados *tigres asiáticos* (Taiwán, Hong Kong, Corea del Sur y Singapur). La transformación económica de dichos países a partir de la segunda mitad del siglo XX representa uno de los ejemplos más espectaculares de crecimiento económico jamás vistos. Una mezcla de factores económicos, políticos y sociales permitieron ese salto adelante en tiempo récord (tabla 6.1).

No por casualidad, en enero de 2020, durante una conferencia organizada por otra gran entidad financiera a la que asistí, se habló principalmente de oportunidades de inversión en Asia. Al fin y al cabo, la importancia económica de dicho continente no ha hecho más que aumentar. La clase media occidental se ha acostumbrado a utilizar a diario productos de marcas como Samsung o Toyota. La fabricación de otros populares productos comercializados por compañías occidentales depende en su mayoría de Asia; la producción del iPhone se concentra en Taiwán y China, la mayoría de los productos de Nike se fabrican en Vietnam e Indonesia... Además, el desarrollo económico de países como China, con una población de más de mil cuatrocientos millones de habitantes, ha permitido a empresas chinas dedicadas a diferentes servicios digitales alcanzar tamaños apenas observados con anterioridad en Occidente (por ejemplo, el valor intermediado en las plataformas de Alibaba es de más de 1,1 billones de dólares, superior al de Amazon), y ha expandido la oportunidad comercial de las compañías occidentales al haber añadido millones de consumidores a la clase media global (como en el caso de las marcas europeas de productos de lujo, encabezadas por conglomerados como LVMH o Richemont).

La recomendación del banco al que me refiero (que no se diferenciaba, por entonces, de la de LVDC ni la del consenso de la industria financiera) hacía hincapié en la oportunidad de inversión que representaban las principales acciones tecnológicas chinas, que cotizaban a multiplicadores inferiores a los de sus comparables occidentales, aun cuando, en algunos casos, crecían a un ritmo más elevado:

Tabla 6.2. Ratios y ritmo de crecimiento de las principales empresas tecnológicas estadounidenses y chinas

	(Capitalización bursátil - caja neta e inversiones financieras)/EBIT	Crecimiento anual acumulativo de ingresos (2015-2020)
Amazon	40	29 %
Alibaba	24	46 %
Alphabet	19	19 %
Baidu	9	10 %
Meta Platforms	16	37 %
Tencent	16	36 %
Promedio empresas de Estados Unidos	25	29 %
Promedio empresas de China	16	31 %

Fuente: Elaboración propia a partir de Bloomberg.

Una vez más, la visión del consenso de la comunidad financiera cambiaría con rapidez. Un mayor escrutinio regulatorio por parte del Partido Comunista de China, la continuación de confinamientos para aplacar la propagación del COVID-19 y el colapso de una gran burbuja inmobiliaria fueron los factores que desencadenaron el pesimismo del mercado en relación con China, penalizando (excesivamente, en algunos casos) las cotizaciones de las mayores compañías del país.

Como puede apreciarse, el descuento con que las grandes empresas tecnológicas chinas cotizaban frente a sus comparables americanas no había hecho más que ampliarse. Además, dichas compañías cotizaban a multiplicadores aparentemente bajos (PER 11×), sobre todo teniendo en cuenta la fortaleza financiera de sus balances (casi todas ellas contaban con grandes posiciones de caja neta en comparación con sus capitalizaciones bursátiles) y la solidez de sus negocios operativos (que, a pesar de la difícil coyuntura macroeconómica a la que se enfrentaban, no mostraban caídas de facturación ni deterioros sustanciales de márgenes de beneficio).

Tabla 6.3. PER (sobre beneficio estimado de 2024) y evolución de cotizaciones desde máximos pre-2022 de las principales acciones tecnológicas chinas y estadounidenses (04/12/2024)

	Fecha cotización máxima pre-2022	**Evolución cotización (máximo pre-2022-04/12/2024)**	**Per 2024e (04/12/2024)**
Hang Seng (bolsa de Hong Kong)	19/02/2021	−36 %	9
CSI 300 (bolsa de Shanghái)	10/02/2021	−32 %	15
S&P 500	31/12/2021	+27 %	26
Alibaba	23/10/2020	−73 %	10
Tencent	08/02/2021	−48 %	16
Baidu	19/02/2021	−75 %	9
JD.com	19/02/2021	−66 %	9
Amazon	19/11/2021	+19 %	34
Alphabet	15/11/2021	+16 %	21
Meta Platforms	10/09/2021	+63 %	26
Promedio empresas chinas	17/01/2021	−65 %	11
Promedio empresas Estados Unidos	25/10/2021	+33 %	27

Fuente: Elaboración propia a partir de Bloomberg (Bloomberg, 2025).

La diferencia de multiplicadores de valoración existente entre las grandes tecnológicas chinas y estadounidenses estaba, en parte, justificada por el principal riesgo que amenazaba a las primeras: el político y regulatorio derivado del hecho de que China no es un país democrático (incluido el riesgo que suponía la compleja estructura accionarial de dichas compañías, sin la cual el inversor extranjero no podría invertir en ellas; básicamente, son empresas *holding* domiciliadas en Islas Caimán que, a través de una serie de contratos, tienen derechos económicos sobre sus «filiales» operativas chinas). Esa amenaza es el denominador común de la inversión en empresas tecnológicas chinas; no es posible evitarla si se invierte en ellas.

Incluso a pesar de dicho riesgo, la oportunidad de inversión me parecía atractiva. Podía «arriesgar» una pequeña parte de mi patrimonio en alguna de ellas; en caso de funcionar, ganaría bastante, y si no, lo máximo que podía perder sería, evidentemente, mi inversión inicial (que, por prudencia, limité a un 5 por ciento del total de mi cartera de acciones). Concentré mi inversión en JD.com: de entre las grandes tecnológicas chinas, tenía el negocio que mejor podía comprender y, además, era una de las que contaban con una mayor posición de tesorería en relación con su capitalización bursátil.

Realicé mis inversiones en JD.com gracias, en parte, a la confianza que me dio el hecho de que algunos inversores de renombre (Charlie Munger, David Tepper, Chris Davis, etc.) estuvieran invirtiendo en alguna de las compañías mencionadas, incluida JD. Creo que es beneficioso fijarse en los movimientos de los grandes inversores de nuestra época; aunque es importante limitar el análisis a las inversiones de aquellos cuyo estilo de inversión se comprende y a las posiciones relevantes de sus carteras (a sus inversiones de mayor convicción).

No hay nada malo en partir de las ideas de otros inversores, sobre todo cuando se trata de inversores contrastados que cuentan con largos historiales de rentabilidades superiores a las del mercado. De todas formas, no basta con copiar sus movimientos; es imprescindible realizar un análisis individual antes de tomar cualquier decisión de inversión y ser honesto con uno mismo (reconociendo, por ejemplo, cuando no se entiende la inversión que uno se plantea acometer).

6.1. JD.com: inversión con margen de seguridad en China

JD.com es uno de los tres grandes líderes del sector de comercio electrónico en China (junto a Alibaba y Pinduoduo). JD.com genera un *gross merchandise value* (término anglosajón que hace referencia al valor total transaccionado en una determinada plataforma de comercio electrónico) de más de 500.000 millones de dólares al año (se trata, evidentemente, de un gigante de la distribución; como comparación, Amazon genera un *gross merchandise value* de en torno a 700.000 millones de dólares).

La gran diferencia entre el negocio de comercio electrónico de JD.com y el de sus grandes rivales chinos (Alibaba y Pinduoduo) consiste en que JD opera internamente la infraestructura logística de su negocio *e-commerce*, mientras que Alibaba y Pinduoduo son, sobre todo, plataformas de intermediación que externalizan esa gestión.

JD.com posee un modelo de negocio de «economías de escala compartidas», según la terminología empleada por el inversor Nick Sleep; al crecer, JD.com es capaz de diluir los costes fijos de su infraestructura logística (además de incrementar su poder de negociación con proveedores, abaratando sus costes de aprovisionamiento) y traspasar a sus clientes los ahorros en costes derivados de su eficiencia operativa en forma de menores precios. Dichos precios, a su vez, generan un mayor volumen de ventas para la compañía, de tal manera que se crea un círculo virtuoso que se retroalimenta y que es la base de su negocio. En palabras de Nick Sleep: «Mayores ingresos engendran ahorros de escala, que engendran costes más bajos, que engendran precios más bajos, que engendran mayores ingresos».[76]

El hecho de controlar su propia infraestructura logística convierte a JD.com, en cierto modo, en dueña de su propio destino: en la medida en la que opere eficientemente su negocio de distribución, logrará ser competitiva y mantener, o incrementar, su cuota de mercado.

Otra ventaja de operar su propia infraestructura logística consiste en la posibilidad de ofrecer servicios logísticos a terceros, lo que permite a JD acceder al volumen transaccionado en plataformas de comercio electrónico rivales (a partir de octubre de 2024, las empresas que comercian en Tmall y Taobao, los

76. Nick Sleep y Qais Zakaria, *op. cit.*

principales *e-commerce* de Alibaba, empezaron a utilizar esos servicios de JD).

Gráfico 6.1. *Gross merchandise value* de las principales plataformas de comercio electrónico de China (2015-2023)

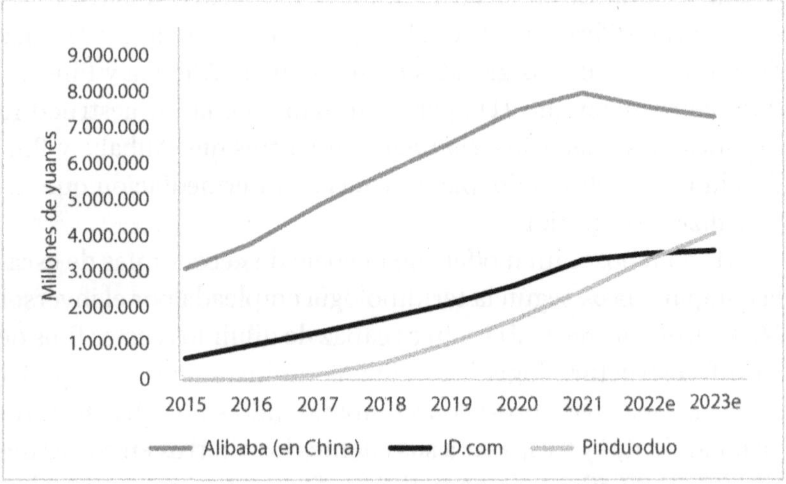

Fuente: Elaboración propia a partir de informes de resultados de Alibaba, JD.com y Pinduoduo.

6.1.1. La importancia del conocimiento acumulado y la capacidad de relacionar conceptos aparentemente no correlacionados para aprovechar oportunidades de inversión

Es importante tener presentes ejemplos pasados (y actuales) de éxito y fracaso en el mundo empresarial; por ejemplo, una característica que comparten los grandes empresarios de la historia (John D. Rockefeller, Jeff Bezos, los fundadores de Google, etc.) es la búsqueda de autosuficiencia, para lo cual se integraron verticalmente en mayor o menor medida.

Además, a veces, el inversor puede identificar modelos de negocio que comparten una misma esencia en industrias muy diferentes entre sí; existen modelos de negocio de «economías de escala compartidas» tanto en la distribución minorista (Costco,

JD.com, Amazon), como en la industria aseguradora (GEICO) o en la de gestión de activos financieros (Blackrock y Vanguard). El inversor que es consciente de esto juega con ventaja: tendrá un mayor conocimiento del negocio que está analizando (con una perspectiva diferente y más rica) en comparación con el resto de los participantes del mercado, lo que le permitirá posicionarse en el lado correcto de una determinada transacción; sabrá valorar mejor las acciones de la compañía en cuestión y, por ello, será capaz de comprender la diferencia entre su cotización y su valor real, además de la evolución futura de dicho valor.

El trabajo que hice previamente al estudiar otras compañías de características y modelos de negocio similares (aun operando en industrias muy diferentes entre sí) me ayudó a aprovechar la oportunidad de inversión en JD.com.

Resulta curioso que, aunque he analizado y discutido mucho sobre el negocio de Alibaba (me he planteado invertir en ella en varias ocasiones a lo largo de estos últimos años; de hecho, en el *family office* del grupo inmobiliario para el que trabajé tenían una inversión relevante en Alibaba), nunca he llegado a sentir la confianza necesaria en la compañía como para llegar a comprometer mi dinero en ella (lo que *a posteriori* parece haber sido un error de omisión, especialmente teniendo en cuenta el atractivo del precio al que llegó a cotizar durante parte de 2024); sin embargo, la decisión de inversión en JD.com la tomé de forma muy rápida, gracias al conocimiento acumulado y a la intuición, que es una herramienta importante, y a menudo infravalorada, tanto en la inversión bursátil como en la vida cotidiana (y cuya eficacia, en este caso, estaba muy relacionada con el trabajo realizado al analizar otras compañías, con la peculiar ayuda recibida de LVDC y con el evidente atractivo de la oportunidad en cuestión, que se manifestaba a simple vista en el balance de la compañía y en el bajo multiplicador sobre beneficios al que cotizaba).

Para aprovechar una oportunidad hay que estar preparado; nunca sabes cuándo se va a presentar (sólo que en algún momento lo hará), por lo que es imprescindible no dejar de aprender e ir acumulando conocimiento financiero y empresarial que, de algún modo (imprevisible en muchos casos), acabará ayudándote a aprovecharla cuando aparezca.

Volviendo al negocio de JD.com, éste genera la mayor parte de sus ingresos vendiendo por internet la mercadería que compra a proveedores externos y, progresivamente, está desarrollando también su negocio de publicidad digital e intermediación de transacciones de terceros en su propia web, es decir, ha seguido una estrategia similar a la de Amazon en Occidente (integrando en su negocio original de venta directa la posibilidad de que otros comercios utilicen su plataforma como canal para llegar al consumidor a cambio de una determinada comisión de intermediación). Cabe destacar que JD opera más de 30 millones de metros cuadrados de centros logísticos, y que es la mayor empresa de ventas minoristas de electrónica de consumo y categorías de producto de supermercado de toda China.

Aparte de su negocio de comercio electrónico, JD.com también tiene el control de JD Logistics (filial de servicios logísticos para terceros que cotiza en la bolsa de Hong Kong), una enorme posición de caja neta e inversiones financieras varias.

Tabla 6.4. Principales magnitudes financieras de JD.com (2018-2023)

JD.com (M yuanes)	2018	2019	2020	2021	2022	2023
Ingresos	462.020	576.888	745.802	951.592	1.046.236	1.084.662
% incremento de ingresos	28 %	25 %	29 %	28 %	10 %	4 %
EBIT recurrente	–1.747	5.173	11.181	4.285	26.054	30.637
EBIT/ingresos	–0,4 %	0,9 %	1,5 %	0,5 %	2,5 %	2,8 %
Beneficio neto recurrente	–200	7.055	12.672	8.914	21.832	31.383
Beneficio neto/ ingresos	0,0 %	1,2 %	1,7 %	0,9 %	2,1 %	2,9 %

Fuente: Elaboración propia a partir de informes de resultados de JD.com.

Las ventas y los beneficios de JD han experimentado, históricamente, grandes incrementos (superiores al 20 por ciento anual); sin embargo, desde finales de 2021, su ritmo de crecimiento se ha desacelerado notablemente como consecuencia de la complicada coyuntura macroeconómica que atraviesa China, lastrada por una importante crisis inmobiliaria y de confianza del consumidor. A pesar de la difícil coyuntura, que estaba penalizando el *ticket* medio de compra por cliente de la compañía, el número de usuarios de su plataforma de *e-commerce* y el volumen de órdenes de sus clientes seguían creciendo a ritmos de doble dígito (lo que da una idea acerca del grado de fidelización de sus clientes).

6.1.2. Un error frecuente de todo inversor: quedar anclado en el pasado

Comencé a invertir en JD.com a 25 dólares por acción, precio que consideraba inferior a una estimación conservadora del valor de la empresa. Posteriormente, seguí comprando acciones de JD.com a precios mayores (aunque todavía muy inferiores a su valor intrínseco), con lo que el precio medio de compra de las diferentes inversiones que realicé era de 28 dólares por acción (algunas acciones las adquirí por encima de 30 dólares).

Hay inversores que son incapaces de seguir comprando acciones de una compañía infravalorada que tienen en cartera y cuya cotización está subiendo, lo cual es un error; están rehuyendo una oportunidad por el mero hecho de haber quedado anclados en el pasado, cuando lo único importante en la inversión bursátil es la diferencia existente en un momento dado entre el precio de una acción y su valor, y la evolución futura de dicho valor. Al invertir debes ser racional e intentar no caer en este error con demasiada frecuencia. Lo que importa es el futuro, no el pasado... No se puede invertir exitosamente mirando por el retrovisor.

Es difícil ser tan racional como para no estar, en cierto modo, condicionado por el pasado, es decir, por el coste de adquisición de una acción. Sin embargo, como inversor, debes reflexionar cada día al despertarte si las acciones de tu cartera son las que quieres que sean, en vez de ser las que son por el mero hecho de haberlo sido, también, el día anterior.

Es normal cometer el error de no incrementar la inversión en una acción en la que se acumulan plusvalías cuando su cotización es, todavía, sustancialmente inferior a su valor (y, por tanto, su rentabilidad potencial atractiva). Tampoco es raro cometer el error de mantener «eternamente» inversiones fallidas en cartera, a pesar de cotizar éstas por encima de su valor. Estos errores, a veces, son inevitables. Sin embargo, es clave evitar tropezar varias veces con la misma piedra (o que el tropezón, aun siendo uno solo, sea fatal). Si el valor de una acción es superior a su cotización, probablemente será inteligente comprarla (aunque ya tengamos exposición a dicha acción y su precio sea superior a nuestro precio de compra); cuando el valor de una acción es inferior a su cotización, lo más inteligente será venderla (aunque esto conlleve la realización de minusvalías).

Un error frecuente del inversor en bolsa consiste en el miedo a realizar minusvalías, lo cual, evidentemente, deriva del hecho de estar condicionado por el pasado. En general, el inversor que cae en ese tipo de errores o bien es incapaz de afrontar la realidad cuando no es de su agrado (y busca algún subterfugio para no tener que soportar el dolor que conlleva la realización de pérdidas) o bien no es lo bastante humilde (piensa que la acción debe recuperar su precio de compra sólo por ser su precio de compra, sin tener la capacidad de reconocer que cometió un error en la inversión inicial). Sin embargo, y como dice Buffett, a la acción le da igual el precio que pagues por ella: «A una acción no le importa lo que pagaras por ella. Ni siquiera sabe que eres su dueño. ¡No eres nadie para ella y ella lo es todo para ti! Pagaste 10,13 dólares por esa acción y, por tanto, debería recuperar los 10,13 dólares antes de que la vendas... pero la acción no siente nada por ti, le das igual. La única pregunta válida en relación con una acción es: ¿Puedo recibir algo más por mi dinero en otro lugar?».[77]

77. «Warren Buffett on investment strategy: Full interview Fortune MPW» [vídeo], YouTube, 7 de octubre de 2014, <https://youtu.be/cSU3yON6OXU>.

6.1.3. Valoración de JD.com

La oportunidad de inversión en JD.com llegó a mis oídos (o a mis ojos, en este caso), a través de un mensaje de WhatsApp de mi amigo Guillermo Martín; en él me decía que su inversión en China se limitaba a Alibaba y JD. A continuación, miré la cotización de JD en internet (23 dólares por acción, una capitalización de 36.500 millones de dólares) y pregunté a mi amigo: «¿Cuánto efectivo hay en su balance?».

JD tenía 33.000 millones de dólares en tesorería y unos 7.000 millones de dólares de deuda financiera, es decir, la posición de caja neta de la compañía suponía ¡más del 70 por ciento de su capitalización bursátil! Y no se trataba de una empresa que no generase beneficios ni que estuviera en fase de decadencia, sino de una compañía de crecimiento con un negocio de comercio electrónico rentable (en los últimos doce meses JD.com había generado más de 5.000 millones de dólares de flujo de caja distribuible) cuyos márgenes se estaban expandiendo incluso a pesar de la compleja coyuntura económica que atravesaba China.

El pesimismo del consenso de la comunidad financiera en relación con dicha economía era tan grande que se podía llegar a una decisión de compra, en el caso de algunas de las mejores empresas del país (con negocios rentables y de crecimiento), simplemente echando un vistazo a sus balances. No era raro oír de diferentes bancos de inversión y casas de análisis (incluidos los analistas de LVDC) el calificativo de *uninvestable* (‘*ininvertible*’) a la hora de referirse a China... En una entrevista de 2024, el famoso inversor Howard Marks afirmó que esa clase de adjetivos eran «música para sus oídos»: «Mucha gente, en la comunidad inversora, describe China como “ininvertible”. Esa palabra es música para mis oídos. He basado toda mi carrera en la compra de activos financieros que otras personas consideraban *ininvertibles*. Cuando actúas así, tienes la posibilidad de comprar gangas. China está en la cesta de cosas de las que la gente no puede ni oír hablar y es en esa cesta donde puedes encontrar las gangas».[78]

78. «Oaktree’s Howard Marks on China opportunities, Trump’s cabinet,

Teniendo en cuenta los números mencionados anteriormente, no había que hacer muchos cálculos para valorar la compañía ni el atractivo de la oportunidad en cuestión; el mercado estaba regalando acciones de JD a quien tuviera el coraje suficiente como para comprar acciones chinas. No me extenderé explicando el análisis realizado de la compañía, solamente resumiré mis conclusiones:

El negocio de JD.com

La compañía contaba con un negocio de *e-commerce* fuerte (lo que se evidenciaba en el alto crecimiento que había experimentado su facturación en los últimos años y en el hecho de que, a pesar de la complicada coyuntura macroeconómica que atravesaba China, el número de clientes de su plataforma, y el volumen de órdenes de dichos clientes, siguiera creciendo a un ritmo alto) y rentable, con márgenes operativos sobre las ventas de en torno al 4 por ciento que se expandirían aún más (el equipo gestor de la compañía hablaba de un margen sobre ventas potencial de cerca del 10 por ciento) a medida que la compañía aumentara su escala, optimizara su infraestructura logística, y desarrollara su negocio de publicidad digital y comisiones por transacciones de terceros en su web (que genera márgenes mucho más altos que los de su negocio de venta minorista básico).

El resto de las filiales de JD.com eran relativamente insignificantes a la hora de valorar la compañía; solamente JD Logistics (participada en un 63 por ciento por JD) tenía un tamaño relevante. JD Logistics acababa de comenzar a generar beneficios y seguía creciendo a buen ritmo (de doble dígito en facturación, y expandiendo márgenes operativos sobre ventas).

El modelo de negocio integrado de JD.com, desde mi punto de vista, dotaba a su negocio de *e-commerce* de una autosuficiencia de la que ninguno de sus grandes competidores chinos goza-

---

market sentiment» [vídeo], YouTube, 20 de noviembre de 2024, <https://youtu.be/zwBGAmyJ6yg>.

ba, lo que, en última instancia, le hacía dueño de su destino y le permitiría, siempre que continuara gestionando de forma eficiente su infraestructura logística, mantener cuotas de mercado y tasas de crecimiento saludables.

La situación macroeconómica en China

La crisis inmobiliaria china invitaba al pesimismo. Sin embargo, y sin tener un conocimiento profundo de la situación económica que estaba atravesando el país, pensaba que se trataba de un problema coyuntural y que su potencial económico no se había desvanecido; tampoco lo hizo el de Occidente cuando sus principales economías estuvieron a punto de descarrilar en 2008 (ni el de Japón tras sufrir el colapso de una importante burbuja financiera e inmobiliaria en los años noventa). El porcentaje que la clase media suponía sobre el total de la población china era todavía muy inferior al de los países desarrollados, y el PIB per cápita de China contaba con un gran potencial de mejora (siendo aún entre un 50 y un 70 por ciento menor que el de los países desarrollados).

Además, el margen de seguridad que tenía al invertir en JD.com me permitía dar relativamente poca importancia al potencial económico de China a largo plazo (que podría verse condicionado por problemas demográficos, políticos y económicos estructurales); al fin y al cabo, al comprar JD a un *free cash flow yield* (calculado como el flujo de caja distribuible de JD entre su capitalización bursátil, tras deducir la posición de caja neta de la compañía) de más del 40 por ciento, recuperaría mi inversión inicial en poco más de dos años (en un plano teórico, suponiendo que JD distribuyera el cien por cien de su beneficio anual y de su posición de tesorería como dividendos), con lo que tanto los pronósticos de reducción de la población china a largo plazo como los problemas político-económicos que el país pudiera llegar a experimentar en el futuro me resultaban completamente insignificantes, porque no llegarían a afectar al resultado de mi inversión.

El riesgo regulatorio inherente a la inversión en acciones tecnológicas chinas

Es un riesgo relevante que sus inversores no pueden evitar; abarca desde sanciones e incrementos de regulación relativos a las prácticas comerciales de las diferentes filiales de JD.com, hasta una posible expropiación o la deslegitimación de los contratos que otorgan al *holding* JD.com los derechos económicos sobre sus filiales operativas chinas. Dichos riesgos son reales, y pueden afectar sustancialmente al valor de JD e incluso hacer que el valor de sus acciones sea cercano a cero.

Mi punto de vista consistía en que la oportunidad era suficientemente atractiva como para asumir ciertos riesgos de carácter político y regulatorio. Sin embargo, y por ello mismo, decidí invertir en la compañía un porcentaje pequeño de mi cartera; como ya he mencionado limité la inversión a un 5 por ciento del tamaño total de mi cartera (a coste de adquisición) para que el riesgo quedara acotado.

En el caso de que el precio de la acción llegara a converger con su valor (supuesto que consideraba bastante probable una vez que se desvaneciera el pesimismo del consenso en relación con China), su cotización podía experimentar una gran recuperación y generar rentabilidades de entre un aumento del cien por cien (mi estimación de la diferencia existente entre la cotización de JD y su valor mínimo) y más del 400 por ciento (en escenarios en los que el mercado llegara a asignar a la compañía multiplicadores de valoración parecidos a los de sus comparables occidentales). Pero, bajo la hipótesis de la deslegitimación de los contratos de JD con sus filiales chinas (supuesto, en mi opinión, bastante improbable, principalmente, porque este tipo de medidas no conviene a los intereses del gobierno chino), la valoración de la compañía sería de cero y yo sólo habría perdido un 5 por ciento de mi cartera en la operación (lo que no me haría ilusión, pero tampoco me impediría dormir por las noches ni seguir generando buenas rentabilidades en el conjunto de mis inversiones).

Mi postura coincidía con la famosa frase de George Soros: «Lo importante no es si tienes razón o no, sino cuánto puedes ganar cuando tienes razón y cuánto puedes perder cuando no la tienes».[79] Charlie Munger, por su parte, también comparaba el *value investing* con un juego de probabilidades: «Buscamos caballos con una probabilidad del 50 por ciento de ganar que se pagan tres a uno. Estás buscando una apuesta a la que han asignado un precio equivocado. Eso es invertir. Y tienes que saber lo suficiente como para poder concluir que el precio es erróneo. Eso es el *value investing*.[80] En este caso, y como puedes ver a continuación, la casa había asignado una cuota equivocada a las acciones de JD.com.

Tabla 6.5. Valoración de JD.com

Cotización JD.com	
Precio de compra por acción ($)	25
Número de acciones (M)	1.585
Capitalización Bursátil (M $)	39.625

Valoración JD.com	**En M $**
Caja neta	26.763
Inversiones financieras	8.592
JD Logistics	6.800
JD Retail (*e-commerce*)	51.130
Otras filiales	0
Otros ajustes	–9.109
Valor intrínseco	84.296

Potencial de revalorización	+113 %

Fuente: Elaboración propia a partir de informes de resultados de JD.com.

Las hipótesis básicas de la valoración son simples y conservadoras: tomé como valor de la posición de caja neta y de las

79. Morgan Housel, *La psicología del dinero. Cómo piensan los ricos: 18 lecciones sobre riqueza y felicidad*, Booket, Barcelona, 2025.

80. Peter Kaufman, *op. cit.*

inversiones financieras a largo plazo de la compañía el valor contable de éstas, supuse que el valor de JD Logistics era igual a su precio de mercado (similar a su valor contable, lo cual pecaba de prudente, ya que significaba valorar la compañía a PER de menos de 10× a pesar de ser una compañía de crecimiento) y que el negocio de *e-commerce* de JD.com (JD Retail) podía valorarse a un multiplicador de 10× sobre beneficio operativo (hipótesis, a mi parecer, muy prudente teniendo en cuenta que se trataba de un negocio que venía creciendo por encima del 20 por ciento anual durante años; valorar a un multiplicador de 10× una compañía que no crece es razonable, pero es muy conservador si se trata de un negocio de alto crecimiento).

Al comprar acciones de JD.com contaba con un margen de seguridad significativo. Las acciones de JD cotizaban con un descuento de más del 50 por ciento respecto a una estimación muy prudente de su valor, lo cual es fundamental en la inversión bursátil. El margen de seguridad cumple diferentes funciones: protege al inversor de la incertidumbre, de posibles errores de cálculo y de la posibilidad de un futuro adverso no contemplado previamente. Al comprar acciones con un margen de seguridad elevado, el inversor reduce el riesgo de la operación y minimiza la potencial pérdida del capital comprometido, a la vez que maximiza su ganancia potencial.

En la universidad me enseñaron que el riesgo y la rentabilidad van de la mano; que no se puede ganar puntos de rentabilidad sin incrementar el riesgo de la operación. Sin embargo, la realidad y la lógica me han demostrado que el binomio riesgo-rentabilidad, en la inversión bursátil, funciona de otra manera: cuanto mayor sea el descuento con que una acción cotiza frente a su valor real, mayor será la rentabilidad potencial del inversor que la compre y, evidentemente, menor el riesgo asumido.

Por poner un ejemplo de la importancia del concepto de margen de seguridad, imagina que las inversiones de JD.com valieran cero, y que la compañía derrochara la mitad de su tesorería en alguna inversión fallida... Incluso bajo las hipótesis planteadas habría comprado JD por debajo de su valor intrínseco (un precio de compra que representaba una capitalización de 39.625 millones de dólares frente a un hipotético valor de más de 60.000 millones de dólares), y no cabría esperar ninguna pérdida permanente de capital en la inversión realizada.

Merece la pena recordar que una única inversión puede acabar siendo un error aunque el estudio realizado de la acción en cuestión haya sido riguroso; sin embargo, y como ya dije, si repites un proceso de análisis adecuado y compras un conjunto (limitado) de acciones de empresas de calidad a precios que cuenten con un margen de seguridad suficiente, la probabilidad de que tu cartera genere rentabilidades buenas (superiores a la media del mercado) a lo largo del tiempo será muy alta.

6.1.4. ¿Quién me estaba vendiendo acciones de JD.com a precio de ganga?

En el caso de Meta Platforms no quedó del todo claro quién estaba vendiéndome sus acciones a precios de derribo (¿quizá LVDC a través de las carteras de sus clientes?). Sin embargo, sí que se conoce a uno de los vendedores de JD.com.

A finales de agosto de 2024, Walmart anunció la venta de su participación en JD.com (la compañía americana tenía más de un 9 por ciento de JD como consecuencia de una serie de alianzas). Walmart afirmaba que la desinversión le permitiría concentrarse en su propio negocio en China, además de destinar su capital a otras prioridades. ¿De verdad una empresa como Walmart, con un balance saneado (recursos propios de más de 80.000 millones de dólares) y que genera beneficios anuales de más de 10.000 millones de dólares, necesita vender una pequeña inversión de 3.600 millones de dólares (que había mantenido desde 2016 y que cotizaba sustancialmente por debajo de su valor) para invertir en algún proyecto prioritario? ¿Encontró el CEO de Walmart alguna alternativa más atractiva que JD donde invertir su capital? Lo dudo (pocos meses después Walmart redoblaría el importe destinado a recomprar acciones propias... Walmart incrementaría el ritmo de recompras con su acción cotizando a PER de 35×, que para una empresa de sus características parece exigente; el CEO de Walmart consideró atractivo vender JD.com a PER 7× para comprar Walmart a PER 35×...).

La historia está llena de ejemplos de malas decisiones de asignación de capital por parte de los máximos dirigentes de las grandes empresas cotizadas (adquisiciones de dudoso valor, recompras de acciones ejecutadas a precios poco atractivos, etc.), lo que se debe a varias razones: falta de formación financiera (habitualmente, el CEO de una compañía acaba siendo una persona con conocimiento operativo y buenas habilidades comerciales, pero no alguien con conocimiento financiero), falta de disciplina (como consecuencia de la frecuente mala alineación de los intereses del CEO de una compañía con los de sus accionistas), la hiperactividad que caracteriza a ciertos empleados que necesitan justificar su sueldo de cualquier manera (al filósofo y matemático francés Blaise Pascal no le faltaba razón cuando decía que «todos los problemas de la humanidad derivan de la incapacidad del hombre de sentarse tranquilamente en una habitación a solas»).[81]

Walmart vendió su participación en JD.com por unos 3.600 millones de dólares (a menos de 25 dólares por acción). Si el CEO de Walmart hubiera estado de vacaciones en la playa durante el mes de agosto de 2024 quizá no hubiera sentido la (irresistible) tentación de vender acciones de JD (¡ni siquiera se hubiera acordado de que JD existía!) a precios que infravaloraban sustancialmente la calidad del negocio de la compañía...

Tras la noticia de la venta de Walmart, la cotización de JD.com cayó con fuerza en bolsa; ese mismo día reforcé mi inversión en la compañía. Poco después, su cotización comenzó una rápida recuperación, superando los 40 dólares por acción, principalmente como consecuencia del optimismo de la comunidad financiera en relación con los estímulos monetarios y fiscales anunciados por las principales autoridades chinas, destinados a reactivar su economía interna.

Muchas de las medidas previstas por el gobierno chino favo-

81. William Green, *Más ricos, más sabios, más felices. Cómo los mejores inversores del mundo ganan en los mercados y en la vida*, Valor Editions de España, Barcelona, 2022.

recían de forma directa a los inversores de sus empresas (financiación a bajo coste por parte del banco central chino de programas de recompras de acciones de empresas chinas, un mayor apoyo a la inversión de capital extranjero en su sector tecnológico, medidas de estímulo del consumo interno, etc.). En tenis, el error del CEO de Walmart se conocería como error no forzado..., un error que, a los accionistas de Walmart, en tan sólo tres meses, ya les había costado más de 2.000 millones de dólares.

Volviendo a mi inversión inicial en JD.com, apenas unos días después de que empezara a comprar sus acciones en marzo de 2024, la compañía publicó sus resultados correspondientes al último trimestre de 2023. En ellos, JD anunciaba la iniciación de un atractivo programa de retribución para sus accionistas: pagaría un dividendo de 1.200 millones de dólares (que representaba una rentabilidad por dividendo del 3 por ciento) y realizaría recompras de acciones por valor de 3.000 millones de dólares (con lo que amortizarían más del 7,5 por ciento de su accionariado). Posteriormente, JD incrementó el ritmo de recompras con 3.600 millones de dólares dedicados a adquirirlas durante los primeros nueve meses de 2024 (con lo que redujo un 8 por ciento el número de títulos en circulación) y anunció un nuevo programa de recompras (por valor de 5.000 millones de dólares) en agosto de 2024.

6.1.5. Recompras de acciones

Llegado este momento, conviene tratar brevemente sobre las políticas de dividendos, en concreto sobre aquellas consistentes en la recompra (y posterior amortización) de acciones por parte de la compañía que las realiza. Las formas más habituales, hoy en día, de retribuir al accionista de una empresa son la distribución de dividendos en efectivo y la recompra de sus participaciones. Dependiendo de las circunstancias, una alternativa puede ser mejor que la otra.

Las políticas de dividendo suelen generar controversia. No es extraño oír, dentro de la comunidad financiera, opiniones erróneas acerca de la bondad (o su contrario) de las diferentes formas de retribución al accionista con las que cuenta una empresa. Por ejemplo, es fácil encontrar inversores que sólo invierten en empresas que pagan dividendos en efectivo (aquellas que carecen, generalmente, de oportunidades de reinversión atractivas). Esta forma de invertir, por sí misma, no es equivocada, pero puede no ser la mejor alternativa que se te presenta como inversor. De hecho, la experiencia me ha enseñado que no suele serlo (¡¿qué oscuro impulso me obligó a comprar acciones de Stellantis!?). También es llamativa la falta de comprensión que demuestra, a veces, la comunidad financiera acerca del funcionamiento de las recompras de acciones como forma de retribución al accionista de una compañía.

Antes de explicar el funcionamiento de las recompras de acciones como forma de remuneración al accionista de una compañía, cabe destacar que una empresa sólo hace bien al retribuir a sus accionistas si no es capaz de dar un uso adecuado al exceso de capital generado por sus operaciones. Si dicha compañía tiene oportunidades atractivas de reinversión (aquellas que puedan obtener rentabilidades superiores a su coste de capital), no debe pagar dividendos (ni realizar recompras de acciones); si, por el contrario, no tuviera oportunidades de reinversión (al dedicarse, por ejemplo, a un negocio maduro o en declive), debe emplear el exceso de capital del que dispone en retribuir a sus accionistas.

El ejemplo de Berkshire Hathaway es esclarecedor: si Warren Buffett, al hacerse con el control de Berkshire Hathaway, hubiera instaurado una política de dividendos consistente en un *payout* del cien por cien, Berkshire no existiría actualmente (los recursos propios de 22 millones de dólares que la compañía tenía en 1965 no hubieran perdurado, ya que estaban ligados a su negocio textil original, que fue liquidado en los años ochenta). Sin embargo, gracias a las extraordinarias habilidades de inversión de Buffett, Berkshire ha alcanzado un valor de mercado de más de 1 billón de dólares. Ahora bien, sin Buffett, la reinversión de beneficios no hubiera sido una alternativa válida para Berkshire (al estar confinada a su negocio textil, destinado a desaparecer), con lo que la distribución de dividendos hubiera sido la única alternativa disponible para la compañía como herramienta de creación de valor para sus accionistas.

La recompra de acciones es una alternativa al reparto de dividendos en efectivo que beneficia a los accionistas que continúan en la empresa cuando son ejecutadas a precios inferiores a su valor real; sin embargo, cuando una compañía incumple dicha condición, destruye valor para sus accionistas. En palabras de Buffett: «Las recompras de acciones son sensibles al precio de ejecución. Lo que es inteligente hacer cuando la cotización es inferior al valor del negocio, es estúpido cuando se realiza con una prima sobre este último».[82]

Un sencillo ejemplo aclarará el impacto que las recompras de acciones (ejecutadas a diferentes precios en relación con su valor) tienen sobre los accionistas de la compañía que las realiza.

Tabla 6.6. Ejemplo del impacto de las recompras de acciones en los accionistas de una compañía en función del precio de ejecución

Situación previa a las recompras de acciones	**Empresa A**	**Socio 1**	**Socio 2**	**Socio 3**
Valor intrínseco	3 M €	1 M €	1 M €	1 M €
% participación	-	33,3 %	33,3 %	33,3 %
1.er supuesto: recompras beneficiosas para los socios que continúan. Socio 3 decide vender su participación, y la empresa recompra sus acciones (y las amortiza) por 0,8 M €.				
	Empresa A	**Socio 1**	**Socio 2**	**Socio 3**
Valor intrínseco	3 M € – 0,8 M € = 2,2 M €	1,1 M €	1,1 M €	0,8 M €
% participación	-	50,0 %	50,0 %	0,0 %
2.º supuesto: recompras perjudiciales para los socios que continúan. Socio 3 decide vender su participación, y la empresa recompra sus acciones (y las amortiza) por 1,2 M €.				
	Empresa A	**Socio 1**	**Socio 2**	**Socio 3**
Valor intrínseco	3 M € – 1,2 M € = 1,8 M €	0,9 M €	0,9 M €	1,2 M €
% participación	-	50,0 %	50,0 %	0,0 %

Fuente: Elaboración propia.

82. Warren Buffett, «Letter to the shareholders», Berkshire Hathaway, 24 de febrero de 2024, <https://www.berkshirehathaway.com/letters/2023ltr.pdf>.

Cabe destacar que Berkshire Hathaway (¡como JD.com!) es un modelo a seguir en cuanto a la realización de recompras de acciones beneficiosas para sus accionistas. Como puede apreciarse a continuación, Buffett ha recomprado más acciones cuando la cotización de Berkshire mostraba un mayor descuento frente a su valor intrínseco (especialmente en 2020 y 2021), y ha sido menos agresivo cuando la cotización de la compañía ha dejado de ser tan atractiva (en 2024, sobre todo)

Tabla 6.7. Recompras de acciones de Berkshire Hathaway (2019-2024)

Berkshire Hathaway	Precio/valor contable (a cierre de año)	Recompras de acciones (M $)	Evolución del número de acciones
2024	1,51	2.918	–0,2 %
2023	1,37	9.171	–1,3 %
2022	1,43	7.854	–1,2 %
2021	1,31	27.061	–4,3 %
2020	1,21	24.706	–5,2 %

Fuente: Elaboración propia a partir de informes de resultados de Berkshire Hathaway.

Berkshire Hathaway es una excepción; es raro encontrar empresas tan disciplinadas como Berkshire a la hora de hacer recompras de acciones. De hecho, la historia muestra que las empresas que conforman el S&P 500 han realizado recompras de acciones más agresivas cuando su cotización era menos atractiva, y viceversa:

Gráfico 6.2. Dividendos y recompras de acciones del S&P 500 (1998-2024)

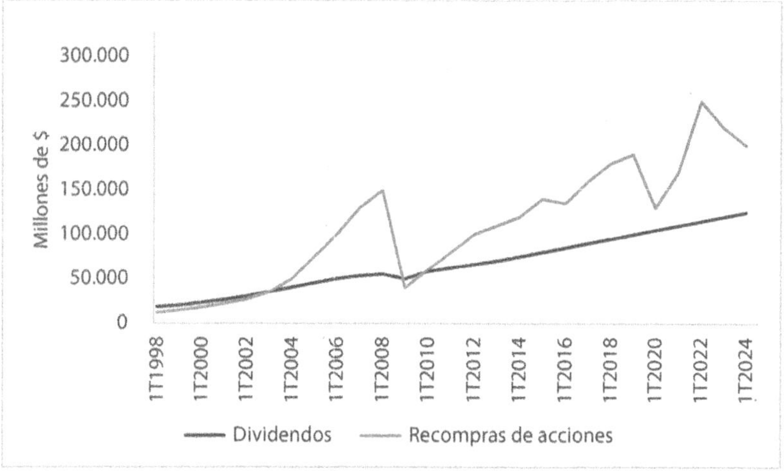

Fuente: Elaboración propia a partir de S&P Global.[83]

Gráfico 6.3. Recompras de acciones trimestrales del S&P 500 como porcentaje de su capitalización bursátil (1999-2024)

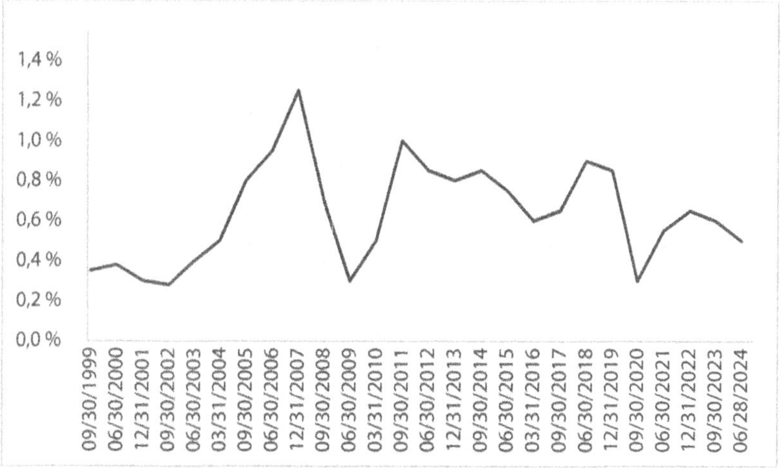

Fuente: Elaboración propia a partir de S&P Global.

83. «China e-commerce giants face their biggest test», Standard & Poor's Financial Services LLC, 9 de abril de 2024, <https://www.spglobal.com/ratings/en/research/articles/240409-china-e-commerce-giants-face-their-biggest-test-13046260>.

7

Berkshire Hathaway: ¿fuera del radar de la comunidad financiera?

En el presente capítulo, el último de este libro, analizaré mi inversión personal en Berkshire Hathaway. El caso del conglomerado industrial y financiero controlado por Warren Buffett me llevará a ahondar en un tema que hasta ahora no he tratado con demasiada profundidad: el análisis del equipo directivo de una compañía. Su calidad es relevante y puede determinar el resultado final de una inversión (para bien, como en Berkshire, o para mal, como en General Electric, AIG, Bayer o AT&T, empresas que han experimentado una fuerte destrucción de valor por culpa de las malas decisiones de asignación de capital de sus máximos dirigentes).

Además, el caso de Berkshire Hathaway es llamativo por el hecho de ser una compañía que, en cierto modo, está fuera del radar de la comunidad financiera a pesar, incluso, de ser una de las empresas más grandes del mundo por capitalización bursátil (la de mayor valor contable de Estados Unidos) y de estar dirigida por uno de los mejores y más carismáticos empresarios de la historia. La incomprensión de Berkshire Hathaway por parte del mercado resulta todavía más llamativa si se tiene en cuenta que el propio Buffett ha utilizado sus cartas anuales a los accionistas de la compañía como vía para explicar el valor, la cultura y el funcionamiento de la organización.

Mi valoración de Berkshire Hathaway parte de las enseñanzas de Warren Buffett a lo largo de sus cartas anuales; a través de ellas se puede aprender mucho acerca de los diferentes negocios del conglomerado, su peculiar estructura de gobierno (tan descentralizada que roza «el límite de la abdicación» según Charlie Munger, vicepresidente de la compañía hasta su fallecimiento en 2023), la cultura empresarial única que la caracteriza, el campo de la inversión en general, etc. Cabe destacar que, en las cartas más recientes, Buffett ha explicado más detenidamente cómo se puede estimar el valor de Berkshire. Esto se debe al hecho de que la compañía ha llegado a una situación en la que las recompras de acciones han pasado a cobrar una mayor relevancia en las decisiones de asignación de capital de Buffett como su CEO. ¿Por qué?

En primer lugar, Buffett es consciente de que el tamaño actual de Berkshire Hathaway actúa como freno a su ritmo de crecimiento, y que limita la tasa de rentabilidad que la reinversión de su capital puede generar. Berkshire es víctima de su propio éxito: las extraordinarias rentabilidades históricas obtenidas han desembocado en una escala que, inevitablemente, lleva aparejado un universo de oportunidades de inversión muy reducido. A cierre de 2024, Berkshire tenía un valor contable de 650.000 millones de dólares y una capitalización bursátil de 1 billón de dólares, por lo que para que una inversión tenga relevancia a la hora de incrementar el valor de la compañía, debe ser de un importe muy elevado: si Berkshire realiza una inversión de 30.000 millones de dólares, sólo está invirtiendo un 5 por ciento de sus recursos propios (y un 3 por ciento de su valor de mercado). Si pretende invertir 30.000 millones de dólares en una acción cotizada sin superar el 10 por ciento de su accionariado (puede tener varias razones para ello), el objeto de la inversión sólo puede ser una empresa que tenga una capitalización de más de 300.000 millones de dólares, y no existen muchas empresas que cumplan dicho requisito (ni siquiera había treinta compañías en el S&P 500 con una capitalización tan grande a cierre de 2024).

Recientemente, Berkshire Hathaway ha visto limitada también su otra vía de inversión, es decir, la adquisición de compañías en su totalidad. Esto se debe principalmente al auge de los fondos de *private equity* en una época de tipos de interés anormalmente bajos (2010-2021). Estos fondos suelen ser menos disciplinados en sus precios de compra debido a que operan con dinero (en su mayoría) ajeno y a que emplean altos niveles de endeudamiento en sus inversiones (incluso rentabilidades mediocres pueden parecer atractivas cuando se consiguen gracias a un nivel de apalancamiento financiero elevado en una época de «dinero gratis»).

A raíz de estas circunstancias, Buffett se ha visto obligado a priorizar la retribución al accionista de Berkshire frente a otras alternativas de asignación de capital; durante los últimos años ha destinado gran parte de sus recursos a recomprar acciones (especialmente en 2020 y 2021, cuando sus títulos cotizaban a precios más atractivos) y, de forma simultánea, ha sido vendedora neta de acciones (sobre todo en 2024, cuando se deshizo de gran parte de su exitosa inversión en Apple, lo que provocó un fuerte aumento de su posición de tesorería).

Buffett es un firme defensor de las recompras de acciones (cuando se ejecutan bien) como práctica de retribución a los accionistas de una compañía. Buffett, además de sus habilidades de asignación de capital, liderazgo y gestión empresarial, se caracteriza por personificar un modelo de empresario con integridad y valores. Sabe que, al recomprar acciones de Berkshire Hathaway a cotizaciones inferiores a su valor real, revaloriza la participación de los accionistas que continúan en la compañía, pero puede perjudicar a aquellos que venden su participación. Por ello, al acercarse el momento en que Berkshire priorizaría las recompras de acciones (por ver limitadas sus oportunidades de inversión) para aumentar su valor intrínseco por acción, Buffett comenzó a explicar con mayor detalle cómo tasar la empresa, de tal forma que los accionistas minoritarios de Berkshire pudieran entender mejor el valor de sus acciones para, así, poder tomar una mejor decisión en caso de decidir venderlas. En palabras de Buffett: «Cuando una compañía dice que contemplará realizar recompras de acciones, es fundamental que todos sus accionistas reciban la información necesaria para poder hacer un cálculo inteligente de su valor. Tanto Charlie como yo buscamos dar esa información en este informe. No queremos que ningún accionista venda su participación por culpa de haber sido engañado ni inadecuadamente informado».[84]

7.1. Los principales componentes de Berkshire Hathaway

En su carta a los accionistas de Berkshire Hathaway de 2018, Buffett simplifica el conglomerado en cinco partes (siguiendo la terminología usada por Buffett, «bosques» que contienen numerosos árboles que no hace falta —según él— saber valorar independientemente) que pueden valorarse de forma relativamente precisa. El valor de Berkshire Hathaway deriva de estos cinco componentes. Además, Buffett afirma que el conglomerado vale más que la suma de sus partes integrantes gracias a las sinergias creadas al reunirlas bajo un mismo paraguas: «El valor de Berkshire se maximiza al reunir sus cinco bosques en una sola entidad. Esta estructura nos permite asignar grandes cantidades de capital de forma eficaz, eliminar el riesgo idiosincrásico de cada empresa, evitar riesgo de insularidad, financiar activos a costes extraordinariamente bajos, aprovechar eficiencias fiscales y minimizar el tamaño de la plantilla. En Berkshire, el conjunto es considerablemente más valioso que la suma de las partes».[85]

Los cinco grandes componentes de Berkshire Hathaway son:

7.1.1. Sus filiales operativas no aseguradoras

La compañía posee entre un 80 y un 100 por ciento (generalmente el cien por cien) del capital de un conjunto de empresas dedicadas a diferentes negocios. Sus mayores filiales no aseguradoras son BNSF (el mayor ferrocarril de mercancías de Estados Unidos, que domina el Medio Oeste del país junto a Union Paci-

84. Warren Buffett, «Letter to the shareholders», Berkshire Hathaway, 23 de febrero de 2019, <https://www.berkshirehathaway.com/letters/2018ltr.pdf>.

85. Ibídem.

fic) y Berkshire Hathaway Energy (conglomerado energético dedicado a la generación y distribución de electricidad y gas natural). El resto del grupo abarca una gran variedad de negocios ligados a la industria (como Precision Castparts, proveedor del sector aeroespacial, la química Lubrizol o el *holding* empresarial Marmon), a la construcción (como Clayton Homes, la mayor empresa de casas prefabricadas de Estados Unidos), a diferentes servicios (de aviación, como Net Jets; de distribución, como la red de concesionarios B. H. Automotive, la distribuidora de semiconductores TTI...) y a la comercialización de productos de consumo (zapatillas Brooks, la textil Fruit of the Loom, vehículos recreacionales Forest River, etc.).

Tabla 7.1. Beneficio antes de impuestos de las filiales no aseguradoras de Berkshire Hathaway (2024)

Berkshire Hathaway Negocios no aseguradores	Beneficio antes de impuestos 2024 (M $)	Principales empresas
Ferrocarril de mercancías	6.648	BNSF
Energía (electricidad y gas natural)	2.638	Berkshire Hathaway Energy
Otros negocios no aseguradores	16.843	
Empresas industriales	6.017	Precision Castparts, Lubrizol, Marmon Holdings
Empresas ligadas a la construcción	4.134	Clayton Homes, Shaw Industries, Johns Manville
Empresas de productos de consumo	1.744	Forest River, Fruit of the Loom, Brooks, Duracell
Empresas de servicios	2.305	Net Jets, FlightSafety, TTI, XTR
Empresas de venta minorista	1.395	B. H. Automotive, See's Candies...
Otras empresas	1.248	Pilot Travel Centers, McLane Company
Total	26.129	

Fuente: Elaboración propia a partir de informes de resultados de Berkshire Hathaway.

7.1.2. Su cartera de acciones cotizadas

La cartera de acciones de Berkshire está concentrada en unas pocas empresas de crecimiento y calidad que cuentan con fuertes barreras de entrada para proteger sus extraordinarias rentabilidades sobre capital empleado. A 31/12/2024, las principales acciones de Berkshire eran Apple, American Express, Bank of America y Coca-Cola.

A la hora de valorar Berkshire Hathaway hay que tener en cuenta una peculiaridad contable causada por la normativa vigente: en los estados financieros del conglomerado sólo se consolidan los dividendos de sus acciones cotizadas, pero no el porcentaje que corresponde a Berkshire (por la participación que tiene en su accionariado) de los beneficios no distribuidos por dichas acciones. Estos beneficios «ocultos» son un componente todavía más relevante de la capacidad generadora de beneficios de Berkshire; su cartera de acciones generó dividendos de unos 5.200 millones de dólares en 2024, pero los beneficios no distribuidos por esas acciones, correspondientes a la participación de Berkshire en su capital, fueron de más de 8.000 millones de dólares.

Al valorar la cartera de acciones de Berkshire, el inversor debe considerar las plusvalías latentes que acumula y los impuestos diferidos derivados de ellas. A cierre de 2024, la cartera de acciones de Berkshire tenía un valor de mercado de más de 270.000 millones de dólares y acumulaba plusvalías latentes de casi 200.000 millones de dólares (si Berkshire liquidara su cartera de acciones tendría que pagar, actualmente, un tipo impositivo del 21 por ciento sobre dichas plusvalías).

7.1.3. Su participación en empresas consolidadas por el método de puesta en equivalencia

En este grupo, se incluyen las inversiones de Berkshire en Kraft-Heinz (controla un 26 por ciento de su capital) y Occidental Petroleum (tiene más de un 28 por ciento de su accionariado; Occidental es uno de los principales productores de petróleo de la Cuenca Pérmica, la principal región de producción petrolera de Estados Unidos). Berkshire consolida en sus estados financieros su participación en el capital y los beneficios de ambas compañías. Dichas inversiones, a cierre de 2024, tenían un valor de mercado de 23.000 millones de dólares.

Gráfico 7.1. Valor de mercado de la cartera de acciones cotizadas de Berkshire Hathaway a 31/12/2024 (incluyendo su inversión en deuda preferente de Occidental Petroleum)

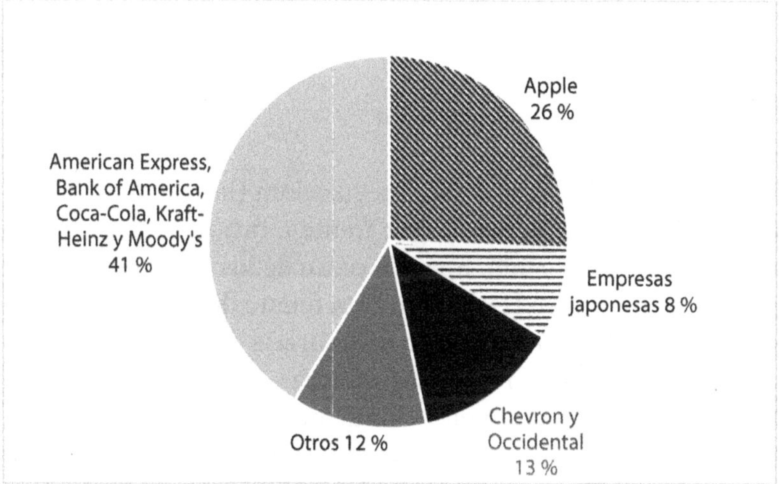

Fuente: Elaboración propia a partir de informes de resultados de Berkshire Hathaway.

7.1.4. Su posición de caja y equivalentes (letras del tesoro de Estados Unidos de corto vencimiento)

Berkshire Hathaway se caracteriza por tener una extraordinaria fortaleza financiera. A cierre de 2024, la posición de tesorería del conglomerado ascendía a cerca de 350.000 millones de dólares. Buffett afirma que nunca reducirá su posición de liquidez por debajo de los 30.000 millones de dólares (que podemos considerar la caja operativa de Berkshire, ni distribuible ni invertible). Además, hay que tener en cuenta que las filiales operativas del grupo tienen en su balance 45.000 millones de dólares de deuda financiera (a excepción de BNSF y B. H. Energy, cuya deuda no está garantizada por Berkshire), por lo que la posición de caja neta distribuible (o invertible) de Berkshire puede considerarse de unos 275.000 millones de dólares.

Según Buffett, el valor de Berkshire es similar a la suma de los cuatro bloques de activos mencionados: «Se puede llegar a una aproximación del valor intrínseco de Berkshire sumando los cuatro bloques de activos de la compañía y deduciendo, después, la cantidad de impuestos que tendría que pagar al vender sus acciones cotizadas».[86]

7.1.5. Su negocio asegurador

Buffett llama *float* a la deuda aseguradora (las reservas estimadas por la compañía para hacer frente a futuras indemnizaciones) que, efectivamente, financia parte de los cuatro bloques de activos de Berkshire Hathaway. Esta fuente de financiación surge como consecuencia del ciclo de tesorería del negocio asegurador del conglomerado (sus aseguradoras cobran primas por anticipado y pagan indemnizaciones más tarde; durante dicho intervalo, invierten el capital generado en su propio beneficio). Así lo explica Buffett: «Este modelo de negocio, de cobro por anticipado y pago diferido, permite a las compañías aseguradoras invertir un capital —que denominamos *float*— ajeno en su propio beneficio. Aunque las pólizas de una aseguradora vienen y van, su *float* se mantiene estable en relación con el volumen de primas facturado. Como consecuencia, nuestro *float* crece en paralelo a nuestras primas».[87]

A cierre de 2024, Berkshire tenía una deuda aseguradora, o *float*, de 171.000 millones de dólares. Históricamente, esta fuente de financiación ha resultado no tener ningún coste para la compañía gracias a su excepcional disciplina a la hora de ven-

86. Ibídem.
87. Ibídem.

der pólizas de seguros (a precios que, año tras año, generan beneficios). «Si nuestras primas son superiores a nuestros costes operativos e indemnizaciones, nuestro negocio asegurador genera un beneficio que se añade al resultado de nuestras inversiones. Cuando somos capaces de generar dicho beneficio disfrutamos del uso de dinero gratis; mejor, incluso, cobramos por invertir un dinero que no nos pertenece».[88]

La naturaleza duradera de la deuda aseguradora, o *float*, de Berkshire, y el hecho de que ésta venga acompañada de un resultado técnico asegurador positivo (primas menos indemnizaciones y costes operativos superior a cero) a lo largo del tiempo, es lo que hace que Buffett considere dicha deuda como un activo de la compañía, y no como un pasivo al uso: «Cuando se calcula el valor contable de Berkshire, la totalidad del *float* se resta como un pasivo, como si tuviéramos que pagarlo mañana y no pudiéramos reponerlo. Considerar el *float* como un pasivo normal es un error grave. Si nuestro *float* es duradero, y no lleva aparejado ningún coste, tendrá un valor real radicalmente inferior a su valor contable. Tener 1 dólar que no desaparecerá —porque las nuevas pólizas contratadas crearán un sustituto— es totalmente distinto a tener 1 dólar que mañana saldrá por la puerta sin que aparezca ningún relevo».[89]

7.2. Berkshire Hathaway: fuera del radar de la comunidad financiera

Aunque haya realizado varias inversiones en Berkshire Hathaway a lo largo de los últimos años, a título personal y como recomendación para familiares, amigos y el *family office* del grupo inmobiliario en el que trabajaba, enfocaré la explicación en mi primera inversión en la compañía. Como dije, mi análisis de Berkshire partió de las cartas anuales de Warren Buffett; sin em-

88. Ibídem.

89. Warren Buffett, «Letter to the shareholders», Berkshire Hathaway, 25 de febrero de 2017, <https://www.berkshirehathaway.com/letters/2016ltr.pdf>.

bargo, tengo que reconocer que el detonante de mi primera compra fue una conversación con los responsables de banca privada de LVDC (¡aunque no precisamente porque me recomendaran comprarla!).

Llevaba tiempo analizando la compañía y consideraba que su valor intrínseco era superior a su cotización. Además, Berkshire ofrecía una diversificación razonable a través de una serie de negocios de calidad y estaba gestionada de forma prudente e inteligente.

Un día de octubre de 2020, desde la oficina del *family office* para el que por entonces trabajaba, llamé a un empleado de LVDC preguntando por informes de análisis acerca de Berkshire Hathaway. Su respuesta me dejó boquiabierto: «No tenemos informes de Berkshire, no la cubrimos».

Me quedé ojiplático..., debí de palidecer..., mi brazo empezó a temblar..., casi se me cae el móvil al suelo...

¡¿El equipo de análisis de uno de los principales bancos de inversión del mundo no seguía a Berkshire Hathaway (una de las diez empresas más grandes del mundo por valor de mercado)?! Inmediatamente después fui a la terminal de Bloomberg de la oficina y accedí a la función de recomendaciones de analistas. Tecleé el *ticker* de Berkshire y... ¡sólo la cubrían cuatro analistas (de casas de análisis que no conocía absolutamente nadie)!

¿Cómo podía ser? Si a Telefónica (que tenía una capitalización de menos de 18.000 millones de euros) la cubrían más de treinta analistas, incluidos todos los grandes bancos de inversión..., ¿cómo podían seguir a Berkshire Hathaway (que, por entonces, valía en bolsa unos 500.000 millones de dólares) sólo cuatro casas de análisis de segunda línea? Además, Berkshire era el vehículo inversor de Warren Buffett, ¡el inversor más famoso y carismático de la historia! Y, por si fuera poco, el propio Buffett estaba dando pistas, públicamente, sobre cómo valorar la compañía...

En la universidad escuché a varios profesores decir que era difícil encontrar gangas entre las empresas de gran capitalización bursátil porque suelen estar muy seguidas, y bien analizadas, por la industria financiera... lo cual parecía razonable. Y, sin embargo...

¡Berkshire Hathaway estaba fuera del radar de la comunidad financiera!

Tras el análisis realizado (durante varios meses), y el impulso que me dieron desde LVDC, decidí comprar acciones de Berkshire. No pude esperar a llegar a casa para realizar la inversión, de forma que bajé a la calle, pedí un café en el bar de la esquina y, mientras me lo tomaba, llamé a mi banco para dar la orden de compra.

No puse la orden de compra a través de internet porque sólo puedo acceder a mi cuenta de valores desde un móvil antiguo que conservo, exclusivamente, para dichas gestiones. Te preguntarás por qué hago esta (aparente) tontería... Pues porque creo que, hoy en día, es «demasiado fácil» invertir en bolsa... Esto es peligroso, especialmente para personas impulsivas. Al sólo poder operar en bolsa desde un teléfono antiguo que no utilizo para nada más, pongo ciertas barreras entre una transacción bursátil y yo. El hecho de no poder ejecutar una inversión de forma instantánea me permite actuar con más frialdad (tengo más tiempo para decidir si realizar, o no, la operación, tengo que estar en casa para usar el móvil antiguo, tengo que cargarlo porque, como no lo uso para nada más, suele estar apagado y sin batería, etc.).

Pienso que cualquier impedimento que el inversor ponga para operar en bolsa (y, también, ¡para ver las cotizaciones!) es una ayuda, antes que un inconveniente, que beneficiará a sus rentabilidades. En bolsa, el grado de actividad de un inversor es inversamente proporcional a la rentabilidad que genera su cartera de acciones.

7.3. Valoración de Berkshire Hathaway

7.3.1. Valoración de Berkshire Hathaway por la suma de sus partes

A continuación puede observarse la valoración (por la suma de sus partes integrantes, siguiendo el esquema propuesto por Warren Buffett en su carta de 2018) que realicé de Berkshire Hathaway antes de invertir en sus acciones.

Se trata, evidentemente, de una valoración muy simple (simplista, quizá) y, sin embargo, era útil. Como he explicado ya en varias ocasiones, lo importante no es la complejidad de la evaluación en cuestión, ni la precisión de los cálculos que la integran, sino que el análisis cualitativo sea correcto y que el precio de compra cuente con un margen de seguridad lo bastante grande como para proteger al inversor de todo aquello que desconoce (que, inevitablemente, ¡es mucho!).

Tabla 7.2. Valoración de Berkshire Hathaway por la suma de sus partes (octubre de 2020)

Cotización de Berkshire Hathaway	**Octubre de 2020**	
Precio de compra por acción B ($)	210	
Número de acciones (M)	2.345	
Capitalización bursátil (M $)	492.000	
Valoración de Berkshire Hathaway (octubre de 2020)	**En M $**	**Hipótesis de valoración**
Filiales operativas no aseguradoras (a)	325.000	PER 18× sobre beneficio 2019
– BNSF	110.000	PER 20× sobre beneficio 2019
– B. H. Energy	65.000	P/VC 2× + valor de mercado de su participación en BYD
– Otros	150.000	PER 16× sobre beneficio 2019
Inversiones en acciones cotizadas (b)	245.500	Valor de mercado (30/09/2020)
– Apple, American Express, Coca-Cola, Bank of America	171.500	Valor de mercado (30/09/2020); suponía PER 21× sobre beneficio 2019
– Otros	74.000	Valor de mercado (30/09/2020)
Otras inversiones (c)	21.800	PER 16× sobre beneficio 2019 (excluyendo deterioros de fondo de comercio de Kraft-Heinz)

.../...

.../...

Caja neta y equivalentes (d)	122.500	Valor contable (30/09/2020) tras deducir deuda financiera garantizada por Berkshire y caja operativa
Ajustes (e)	−33.400	Impuestos diferidos cartera cotizada y valor contable de socios minoritarios (30/09/2020)
Valor intrínseco (a + b + c + d + e)	680.900	
Potencial revalorización	+38 %	

Fuente: Elaboración propia a partir de informes de resultados de Berkshire Hathaway.

¿En qué supuestos se basaba mi valoración?

- En primer lugar, valoré BNSF a PER 20× que, aun sin ser un multiplicador bajo, no parecía descabellado en el entorno de tipos de interés del momento (la rentabilidad del bono estadounidense a diez años era de en torno al 1 por ciento). Aunque se tratara de una época de niveles de tipos de interés extraordinariamente bajos (que no pensaba que fuera a perdurar), había un considerable margen de seguridad entre dicha rentabilidad «libre de riesgo» y el *earnings yield* del 5 por ciento de un activo como BNSF, que cuenta con altísimas barreras de entrada, poder de fijación de precios y que está completamente integrado en la economía estadounidense (de forma que, si la economía de Estados Unidos crece, también lo harán, en cierta medida, los beneficios de BNSF). El principal competidor de BNSF, Union Pacific, cotizaba a un PER de algo más de 23×. Además, en la carta que acompañaba al informe anual de resultados de 2020 de Berkshire (publicado unos pocos meses después de mi inversión), Buffett decía que, de los cuatro negocios más valiosos de la compañía (seguros, BNSF, la participación en Apple, y B. H. Energy), BNSF era el segundo más importante (tras el negocio asegurador), y que su valor era similar al de la inversión en Apple (que, por entonces, tenía un precio de mercado de 120.000 millones de dólares).

- Por otra parte, B. H. Energy podía valorarse (en un entorno de tipos de interés como el de entonces) a cerca de dos veces su valor contable (¿cuánto vale un beneficio no cíclico que se reinvierte a lo largo del tiempo a un ROE del 10 por ciento en un entorno de tipos de interés significativamente inferiores al 5 por ciento?). En 2023, Berkshire compraría a Greg Abel su participación del 1 por ciento en B. H. Energy por 870 millones de dólares (o sea que Buffett valoraba el cien por cien de B. H. Energy en, como mínimo, 87.000 millones de dólares).
- No era fácil valorar el resto de los negocios no aseguradores del conglomerado, pero me parecía prudente asignarles un PER de 16× (PER medio histórico del S&P 500); se trataba de un conjunto de empresas seleccionadas por el mejor inversor de la historia, alguien que prioriza, además, la compra de negocios de calidad a precios razonables antes que la compra de negocios mediocres a precios de ganga, siguiendo el consejo de su socio Charlie Munger: «Olvida lo que sabes sobre comprar negocios normales a precios maravillosos y dedícate a comprar negocios maravillosos a precios razonables».[90] Dicho multiplicador de 16× era, además, claramente inferior al PER al que cotizaba el S&P 500 en esos momentos (PER 21,5× sobre beneficios de 2019).
- En cuanto a las inversiones cotizadas de Berkshire Hathaway, supuse que su precio de mercado era similar a su valor intrínseco (que parecía razonable teniendo en cuenta que se trataba de acciones de empresas de calidad a un PER moderado de en torno a 20×).
- Aparte, reduje el valor de la posición de caja neta del conglomerado para tener en cuenta el colchón de 20.000 millones de dólares que, por entonces, Buffett decía que mantendría siempre en liquidez para proteger su negocio

90. Warren Buffett, *Berkshire — Past, present and future*, Berkshire Hathaway, 27 de febrero de 2015, <https://www.berkshirehathaway.com/SpecialLetters/WEB %20past %20present %20future %202014.pdf>.

asegurador, y realicé un ajuste para incluir en la valoración los impuestos que Berkshire debería pagar si vendiera la totalidad de su cartera de acciones cotizadas (que, quizá, pecaba de prudente; inversiones como Coca-Cola o American Express representaban una parte importante de las plusvalías latentes de la cartera y parecían ser posiciones permanentes que no se venderían, al menos mientras Buffett siguiera dirigiendo la compañía).

- Por último, la valoración no tenía en cuenta las sinergias que crea la interrelación de las diferentes partes de Berkshire dentro del conglomerado. Buffett afirmaba que el valor real de la compañía era considerablemente superior a la suma de sus componentes (lo que se evidencia, por ejemplo, en los beneficios fiscales que B. H. Energy aprovecha gracias a que forma parte del grupo, en las ventajas que la solidez financiera del balance y la diversidad de fuentes de beneficios no correlacionados otorgan al negocio asegurador de la compañía, en eficiencias de asignación de capital dentro del conglomerado, en ciertos ahorros en costes, etc.). Al ser esto, evidentemente, difícil de calcular, decidí excluirlo de la valoración; sólo lo consideraba un margen de seguridad adicional con el que contaba mi precio de compra.

Al comprar acciones de Berkshire Hathaway, estaba adquiriendo una diversificación en una serie de empresas de calidad (algunas de las cuales contaban con importantes ventajas competitivas y negocios poco cíclicos) bien gestionadas (con un equipo directivo honrado, cuyos intereses estaban totalmente alineados con los del accionista minoritario de la compañía y que contaba con mentalidad de largo plazo y *capacity to suffer*[91]), y que cotizaba a niveles aparentemente atractivos para una empresa de sus características; el PER de Berkshire era de menos

91. *Capacity to suffer* ('capacidad de sufrimiento'): expresión con la que el inversor Thomas Russo se refiere a la capacidad de una empresa de sacrificar beneficios a corto plazo a cambio de una mayor recompensa futura.

de 15× (incluyendo su participación en el beneficio no distribuido y, por tanto, no consolidado por Berkshire, de las principales compañías de su cartera de acciones cotizadas), y su multiplicador sobre valor contable de 1,2× (o 0,9× si consideramos su deuda aseguradora, o *float*, como un activo más de la compañía en vez de como un pasivo al uso).

Berkshire Hathaway seguiría prosperando, al igual que sus accionistas, mientras la economía de Estados Unidos (con la que están íntimamente relacionados sus negocios no aseguradores) siguiera prosperando, el negocio asegurador del conglomerado siguiera siendo una fuente de financiación de bajo (o ningún) coste, y las decisiones de inversión de Buffett y sus sucesores siguieran siendo buenas.

Llegado este momento, merece la pena recordar que para que los accionistas de Berkshire obtengan buenas rentabilidades a lo largo del tiempo ni siquiera es necesario que las inversiones de Buffett y sus sucesores generen rentabilidades extraordinarias (superiores a las del S&P 500), como en el pasado, cuando la compañía tenía una escala inferior y un universo de oportunidades ilimitado. La principal ventaja competitiva de Berkshire como empresa aseguradora consiste en su capacidad de invertir la mayor parte de su capital en el de otras empresas (ya sea a través de adquisiciones o de inversiones en acciones cotizadas) en lugar de verse obligada, como le sucede al resto de las aseguradoras, a invertir mayoritariamente en renta fija, que es una clase de activo menos atractivo por su propia naturaleza.

La comunidad financiera tampoco parece comprender que para que un accionista de Berkshire bata la rentabilidad del S&P 500 no es necesario que el valor de la compañía crezca a mayor ritmo que dicho índice; el inversor que compre las acciones de Berkshire con un descuento significativo frente a su valor puede generar rentabilidades superiores a las del S&P 500 aunque la evolución del valor del conglomerado sea algo peor que la del índice en cuestión.

7.3.2. *Earning power* vs. beneficio publicado

El multiplicador al que Berkshire Hathaway cotizaba sobre su beneficio (PER inferior a 15×) era todavía más atractivo si se ajustaba por la capacidad real de generación de beneficios de la compañía (*earning power*).

El negocio asegurador de Berkshire Hathaway era el que mostraba una mayor diferencia entre su capacidad de generación de beneficios y sus beneficios publicados. Dicho negocio generó un beneficio neto consolidado de 5.600 millones de dólares en 2020: unos 600 millones de dólares de resultado técnico asegurador, más cerca de 4.000 millones de dólares de dividendos de su cartera de acciones y 1.000 millones de dólares de intereses cobrados por su posición de tesorería. Sin embargo, el *earning power* consolidado del negocio asegurador del conglomerado era muy superior a dicha magnitud:

En primer lugar, Berkshire contaba con una inmensa posición de caja neta ociosa (de más de 120.000 millones de dólares) que, en el entorno de tipos de interés extraordinariamente bajos de 2020, generaba rentabilidades inferiores al 1 por ciento anual pero que, en un entorno de tipos de interés normalizados, produciría rendimientos muy superiores, lo que aumentaría de forma automática los beneficios de la compañía sin necesidad de que ésta asumiera ningún riesgo adicional (el proceso de normalización de tipos iniciado por la FED en 2022 provocó un fuerte incremento de los intereses que Berkshire cobraba por su posición de tesorería, los cuales pasaron de 1.000 millones de dólares en 2020 a más de 6.000 millones de dólares anuales en 2023 y 2024). Además, bajo el supuesto de que Buffett lograra poner a trabajar la inmensa posición de liquidez de la compañía, o bien en acciones cotizadas o bien en alguna adquisición exitosa, la rentabilidad generada por Berkshire sobre su capital sería, evidentemente, muy superior.

En segundo lugar, el resultado técnico asegurador de Berkshire Hathaway llevaba años deprimido por culpa de su negocio reasegurador, afectado por un aumento de catástrofes naturales (en frecuencia e intensidad) y por el ciclo de precios bajos que la industria venía sufriendo en la última década (situación que se revertiría en 2023 y 2024, años en los que el resultado técnico asegurador del grupo superó los 5.000 millones de dólares anuales, cifra muy superior a los 500 millones de dólares que había obtenido de media entre 2014 y 2020, gracias, en gran medida, a su división reaseguradora). Comprender la parte del ciclo en el que la industria reaseguradora se encontraba permitía entender mejor la capacidad de generación de beneficios de Berkshire y, por tanto, realizar una valoración más precisa de la compañía.

Pero esto no es todo: el negocio reasegurador de Berkshire se caracterizaba por una fortaleza financiera sin igual. Dicha característica es una importante ventaja competitiva de Berkshire, no sólo por el mero hecho de que las aseguradoras que necesiten ceder parte de sus riesgos preferirán acudir siempre a una reaseguradora cuya capacidad de pago esté fuera de duda, sino por otras razones, entre las que destacan ciertas ventajas en costes (las aseguradoras de Berkshire no necesitan acudir al mercado de reaseguro, por lo que se ahorran un coste recurrente significativo) y la capacidad de reaccionar con agilidad y determinación ante cualquier «megacatástrofe» que asole a la industria aseguradora; el negocio reasegurador de Berkshire cuenta con un importante excedente de capital en relación con las primas que factura y, por tanto, con la capacidad de incrementar sustancialmente sus ingresos ante este tipo de acontecimientos (en dichas situaciones, Berkshire podría reaccionar de forma agresiva, contratando nuevas pólizas a precios atractivos justo cuando la capacidad comercial de sus competidores se vería restringida por la debilidad de sus balances).

Además, las acciones de Berkshire no sólo cotizaban por debajo de una estimación conservadora de su valor, sino que ofrecían protección a sus accionistas en entornos bursátiles adversos (como se evidenciaría en 2022, cuando sus acciones siguieron subiendo mientras el S&P 500 caía cerca de un 20 por ciento) gracias a la naturaleza defensiva de sus principales negocios, y al hecho de tener una posición de caja neta (invertible) tan grande en relación con su tamaño.

7.3.3. La naturaleza *antifrágil* de Berkshire Hathaway

Nassim Taleb popularizó el término *antifrágil*, calificativo con el que se refiere a todo aquello que se fortalece ante la adversidad. La naturaleza antifrágil de Berkshire Hathaway radica en su extraordinaria fortaleza financiera, la cual no sólo le permite sobrevivir a episodios de estrés financiero, sino que, además, le concede la oportunidad de aprovecharlos para incrementar su valor. Berkshire puede sacar partido (y lo ha demostrado en el pasado) de entornos económicos adversos gracias, sobre todo, a dos armas (íntimamente relacionadas entre sí): su gran posición de tesorería y la capacidad ociosa de su negocio reasegurador.

La inmensa posición de liquidez de Berkshire le permite aprovechar crisis económicas y financieras en lugar de, simplemente, luchar por su supervivencia (como le sucede a la mayoría de las entidades financieras que, por culpa del alto nivel de apalancamiento de sus negocios, experimentan un mayor sufrimiento en escenarios adversos). Gracias a la extrema solidez de su balance, Berkshire es «inmune» a situaciones de estrés financiero y, además, es capaz de beneficiarse de las atractivas oportunidades de inversión que suelen surgir en esos momentos (a través de ellas, Berkshire consigue incrementar su valor y potenciar su ritmo de crecimiento).

Por ejemplo, durante la crisis financiera de 2008, Berkshire no sólo evitó la quiebra (o la necesidad de mantener una actitud defensiva para evitar la fatalidad), como la mayoría de los grandes bancos y aseguradoras, sino que explotó la coyuntura para invertir con fuerza en oportunidades de inversión atractivas: en octubre de 2008, en tan sólo dos semanas, Berkshire invirtió 14.500 millones de dólares en tres transacciones (dos de ellas destinadas a asegurar la supervivencia de grandes compañías en apuros, como Goldman Sachs y General Electric), entre 2007 y 2010 ejecutó la adquisición del ferrocarril BNSF (su adquisición más grande hasta la fecha, por un importe de 33.000 millones de dólares), adquirió el control de Marmon Holdings (otra de sus principales filiales no aseguradoras) por cerca de 5.000 millones de dólares en 2008 y, en 2011, estabilizó la situación de Bank of America con otra inversión de 5.000 millones de dólares... Dichas inversiones, *a posteriori*, demostraron ser importantes aciertos: por ejemplo, la adquisición por 33.000 millones de dólares de BNSF se puede valorar, actualmente, en 120.000 millones de dólares (además, BNSF ha distribuido a su matriz dividendos de más de 55.000 millones de dólares) y la inversión de 5.000 millones de dólares en Bank of America ha generado plusvalías (latentes y realizadas) de más de 40.000 millones de dólares para Berkshire (aparte de cuantiosos dividendos e intereses).

Por otro lado, el negocio reasegurador de Berkshire Hathaway se caracteriza por una solidez financiera sin igual dentro de su industria; Berkshire representa menos de un 10 por ciento de las primas cobradas por la industria reaseguradora, pero alrededor de un 40 por ciento de su capital. El negocio asegurador de Berkshire tiene más de un 60 por ciento de recursos propios sobre activos, mientras que sus competidores rondan el 15 por ciento. Además, por cada dólar cobrado de primas, Berkshire posee más de 3 dólares de recursos propios (y se estima que 1 dólar de primas por cada 9 dólares de capital reasegurador), mientras que el conjunto de la industria reaseguradora tiene menos de 0,7 dólares de capital por cada dólar de primas cobradas.

Tabla 7.3. Fortaleza financiera del negocio asegurador de Berkshire Hathaway (2024)

	Primas 2024	**Recursos propios 2024**	**Recursos propios/ primas**	**Recursos propios/ activos**
Berkshire Hathaway	88.257 M $	310.000 M $	3,5	56 %
B. H. Reinsurance	27.010 M $	> 250.000* M $	9,3	> 60 %
Swiss Re	45.598 M $	21.892 M $	0,5	17 %
Munich Re	60.830 M €	32.746 M €	0,5	11 %

*Estimación.

Fuente: Elaboración propia a partir de informes de resultados de Berkshire Hathaway, Swiss Re y Munich Re.

Una empresa aseguradora no puede contratar a su antojo un determinado volumen de primas; su capacidad comercial está limitada por su capital (el regulador prohíbe superar ciertos niveles de apalancamiento). Berkshire está al margen de dichas restricciones gracias a su extrema fortaleza financiera (opera con un gran excedente de capital, la capacidad ociosa de su negocio asegurador). En caso de acontecer una «megacatástrofe» natural (o de otra índole), las pérdidas por indemnizaciones de la industria reaseguradora aumentarían, su capital se contraería y, como consecuencia, se vería limitada la capacidad comercial de sus principales compañías (que operan con altos niveles de apalancamiento financiero); sin embargo, es en esas circunstancias, tras la catástrofe, cuando la demanda de protección contra ese tipo de eventos es mayor. Berkshire, al contrario que sus competidores, sí estará preparada para aprovechar la coyuntura, satisfaciendo la demanda a través de la venta de pólizas a precios atractivos (lo cual reforzará la condición financiera de la compañía, agrandando todavía más su *moat*).

La naturaleza antifrágil de Berkshire Hathaway, además, se retroalimenta. La capacidad de aprovechar oportunidades atractivas en episodios de estrés financiero incrementa la fortaleza financiera de la compañía aún más, lo que la prepara para futuros escenarios de crisis en los que pueda volver a actuar con agresividad y determinación.

7.3.4. Dos métodos complementarios para valorar Berkshire Hathaway

Como dije en el capítulo de Meta Platforms, suelo valorar una misma acción por distintos métodos antes de comprarla. Creo que esto es recomendable y que repercute en un análisis de más calidad por parte del inversor; permite valorar mejor la compañía en cuestión, ya que cada técnica de valoración enfoca su estudio desde un ángulo diferente, lo que deriva en una mejor comprensión del negocio subyacente, de su valor intrínseco y de las rentabilidades potenciales que promete una acción al ser comprada a un precio determinado.

A continuación explicaré brevemente dos métodos de valoración adicionales que incorporé a mi análisis de Berkshire: uno parte del balance de la compañía y el otro se basa en una estimación de las rentabilidades futuras que ésta puede generar para sus accionistas:

Tabla 7.4. Valoración de Berkshire Hathaway partiendo de su balance (octubre de 2020)

Cotización de Berkshire Hathaway	**Octubre de 2020**
Precio de compra por acción B ($)	210
Número de acciones (M)	2.345
Capitalización bursátil (M $)	492.400
Valoración de Berkshire Hathaway (octubre de 2020)	**En M $**
Valor contable recursos propios (a)	415.000
Exceso de valor intrínseco sobre valor contable de BNSF y B. H. Energy (b)	96.000
Float (c)	135.000
Valor intrínseco (a + b + c)	646.000
Potencial revalorización	31 %

Fuente: Elaboración propia a partir de informes de resultados de Berkshire Hathaway.

Siguiendo las explicaciones de las cartas de Warren Buffett, uno puede llegar a la conclusión de que el propio Buffett considera la deuda aseguradora de Berkshire (*float*) como un capital invertible de forma duradera en el tiempo. Además, se trata de una fuente de financiación sin coste (siempre que sus aseguradoras generen un resultado técnico positivo, es decir, siempre que sus primas sean superiores a sus costes operativos e indemnizaciones). ¿Y cuál es el valor de una deuda que no hay que pagar (por su propia naturaleza es una fuente de financiación estable, que se regenera), y que no sólo no tiene un coste explícito, sino que acarrea un beneficio (el resultado técnico positivo generado)? Desde luego, se trata de un pasivo que, por sus características, se parece mucho a un activo. Como afirma Buffett, la deuda aseguradora (*float*) de Berkshire es la principal razón por la que el valor de la compañía es superior a su valor contable: «Este activo oculto es una razón —una razón de peso— por la que consideramos que el valor intrínseco de Berkshire excede, por un gran margen, de su valor contable».[92]

Además, como ya vimos, el valor conjunto de sus principales filiales no aseguradoras (BNSF y B. H. Energy) también es superior a su valor contable: «La normativa contable nos obliga a reflejar nuestras filiales operativas en los estados financieros de Berkshire a un valor significativamente inferior al que tienen en la actualidad; esta divergencia entre valor contable y real se ha incrementado en los últimos años».[93]

Por tanto, se puede llegar a una aproximación del valor de Berkshire Hathaway a través de la suma de su valor contable y las dos grandes diferencias existentes entre éste y el valor real de la compañía (su *float*, y el exceso de valor de BNSF y B. H. Energy sobre sus respectivos valores contables).

Pero ¿valía Berkshire Hathaway un 50 por ciento más que su valor contable?

Sí, de hecho, Buffett decía, ya en 2017, que el valor de Berkshire era considerablemente superior al 120 por ciento de su valor en libros: «Estoy autorizado a recomprar grandes cantidades de acciones de Berkshire cuando coticen por debajo del 120 por ciento de su valor contable, ya que el Consejo de Administración ha llegado a la conclusión de que las recompras ejecutadas a dichos precios benefician automáticamente, y de forma material, a los accionistas que continúan en la compañía. Estimamos que un nivel de cotización del 120 por ciento sobre valor contable cuenta con un importante descuento con respecto al valor de Berkshire, un margen que es apropiado ya que las estimaciones de valor intrínseco no pueden ser precisas».[94] Además, cabe destacar que Berkshire cambió su política de recompras de acciones

92. Warren Buffet, *op. cit.* (2017).
93. Warren Buffet, *op. cit.* (2019).
94. Warren Buffet, *op. cit.* (2017).

en 2018; tras el cambio, éstas serían realizadas siempre que Buffett considerara que la cotización de sus acciones era inferior a su valor, no al 120 por ciento de su valor contable. Es decir, ese listón había perdido su utilidad como aproximación del valor de la compañía.

Cuando comencé a comprar acciones de Berkshire, ésta estaba realizando recompras de acciones agresivas (de más de 9.000 millones de dólares trimestrales, es decir, estaba recomprando un 2 por ciento de su accionariado cada trimestre), lo que indicaba que Buffett consideraba que Berkshire cotizaba a precios atractivos e inferiores a su valor real.

Otra forma de calcular el atractivo de la cotización de Berkshire Hathaway en relación con su valor intrínseco consistía en estimar la rentabilidad potencial que un inversor podía esperar comprando sus acciones a un determinado precio para, después, compararla con una rentabilidad alternativa que representara un coste de oportunidad adecuado.

Básicamente, el crecimiento de una empresa (en ausencia de distribuciones de dividendos y cambios de valoración) es igual a la rentabilidad que genere sobre su capital a lo largo del tiempo; el crecimiento de valor contable de Berkshire debería ser igual a su rentabilidad sobre fondos propios, bajo una hipótesis simplificadora de *payout* del 0 por ciento (en realidad, Berkshire sí que estaba recomprando acciones).

Tabla 7.5. Valoración de Berkshire Hathaway basada en la rentabilidad esperada a largo plazo por sus accionistas (octubre de 2020)

Berkshire Hathaway Rentabilidad esperada	Beneficio neto/ RRPP Berkshire Hathaway	Hipótesis de valoración
BNSF + B. H. Energy (a)	2,1 %	Beneficio 2019 de BNSF y ROE 10 % en B. H. Energy
Resto filiales no aseguradoras (b)	2,3 %	Beneficio de 2019 sostenible
Resultado técnico asegurador (c)	0,6 %	Margen neto del 3 % de sus primas cobradas

.../...

.../...

Berkshire Hathaway Rentabilidad esperada	Beneficio neto/ RRPP Berkshire Hathaway	Hipótesis de valoración
Inversiones (d = e + f)	6,0 %	-
- Tesorería y renta fija (e)	0,9 %	Rentabilidad bruta del 3 % (suponiendo tipos de interés reales en Estados Unidos de un 1 % sobre objetivo de IPC del 2 %)
- Acciones cotizadas (f)	5,1 %	Rentabilidad neta del 8 % (razonable teniendo en cuenta la composición, y valoración, de su cartera a 30/09/2020)
Rentabilidad total esperada (a + b + c + d)	11 %	Suponiendo *payout* 0 %
Rentabilidad total esperada (a + b + c + d)	13,5 %	Suponiendo *payout* 0 % y expansión de multiplicador P/VC (de 1,2× a 1,5× en 10 años)

Fuente: Elaboración propia a partir de informes de resultados de Berkshire Hathaway.

En el caso de Berkshire, era razonable pronosticar un crecimiento a largo plazo del 11 por ciento (en ausencia de distribuciones de dividendo y recompras de acciones); dicha tasa de rentabilidad estaba basada en hipótesis prudentes (que parten de la rentabilidad sobre fondos propios de los negocios no aseguradores de la compañía en 2019, año en que las políticas proteccionistas de Estados Unidos habían lastrado el comercio internacional y la actividad industrial, y de pronósticos conservadores de márgenes aseguradores y de las rentabilidades de su cartera de inversiones) y no consideraba la posibilidad de que Berkshire lograra invertir su posición de tesorería en alguna oportunidad atractiva, como era de esperar dadas las habilidades de asignación de capital de su equipo directivo, tanto de Buffett como de sus sucesores (Greg Abel, Ted Weschler y Todd Combs, todos ellos inversores contrastados).

Además, dando por sentado que el multiplicador de cotización sobre valor contable de Berkshire se expandiera de 1,2× a 1,5× en diez años (Buffett decía que una ratio de 1,2× P/VC infravaloraba significativamente la calidad de los negocios subyacentes del conglomerado), la rentabilidad esperada por los accionistas de la compañía sería de más del 13 por ciento anual.

Como coste de oportunidad se podía tomar la rentabilidad prevista para una cesta diversificada de acciones como era el S&P 500. En octubre de 2020, un inversor podía esperar del S&P 500 rentabilidades a largo plazo de, aproximadamente, un 9 por ciento anual bajo unas estimaciones prudentes de crecimiento, aunque sin incluir ninguna compresión de multiplicadores de valoración (el S&P 500 cotizaba a un PER 21×, superior a su media histórica de 16×).

La rentabilidad esperada de Berkshire era atractiva en comparación con el coste de oportunidad calculado; las acciones de Berkshire cotizaban con un margen de seguridad significativo frente a su valor real.

Antes de continuar, merece la pena decir que, *a posteriori*, mis estimaciones resultaron muy imprecisas; sin embargo, fueron válidas ya que pecaron de prudentes (infravaloraron la capacidad real de generación de beneficios de Berkshire), es decir, contaban con un margen de seguridad superior al que yo estimé. Como dije, en una valoración, la precisión de los cálculos no importa siempre que la conclusión en la que desemboquen sea correcta.

Los tres métodos de valoración explicados coincidían en sus conclusiones: las acciones de Berkshire Hathaway cotizaban con un descuento significativo frente a su valor y prometían generar rentabilidades atractivas para sus accionistas.

A través de Berkshire no sólo estaba comprando una buena empresa a un precio atractivo (aunque no tanto como en los casos de Meta Platforms y JD.com), sino una diversidad de negocios estadounidenses (lo cual reduce el riesgo idiosincrásico de la inversión; si soy accionista de JD.com y el gobierno chino invalida los contratos del *holding* con sus filiales, mi inversión valdrá cero, mientras que si soy accionista de Berkshire y uno de sus principales negocios, por ejemplo B. H. Energy, experimenta dificultades, el valor de mi inversión no se verá demasiado perjudicado), las habilidades de asignación de capital de Warren Buffett (considerado, repito, el mejor inversor de la historia) y una directiva cuyos intereses están completamente alineados con los míos como accionista minoritario y pasivo de la compañía.

7.4. El equipo directivo de Berkshire Hathaway: un ejemplo de alineación de intereses con el accionista, aptitud, disciplina financiera y *capacity to suffer*

El análisis del equipo directivo de Berkshire Hathaway forma parte importante de mi tesis de inversión en la compañía. Por ello, destinaré la segunda mitad del capítulo a explicar en qué me fijo al profundizar en la calidad de la gestión de una empresa y ejemplificaré los puntos más relevantes de la explicación con el caso particular de Berkshire.

La calidad del equipo directivo de una compañía es un factor relevante que puede condicionar el resultado de una inversión, tanto para bien como para mal. El equipo gestor de la empresa, como es lógico, es responsable de la ejecución operativa y de las principales decisiones de asignación de capital (inversiones de crecimiento orgánico, adquisiciones, distribución de dividendos, etc.).

Para estudiar al equipo directivo de una compañía hay que comprender a las personas (su carácter, honradez, debilidades, etc.). Cualquiera puede hacer un buen análisis de los altos directivos de una compañía siempre y cuando sepa entender a quienes le rodean en su vida cotidiana. Siempre he pensado que el inversor que cuenta con cierto conocimiento de psicología, historia y literatura, por poner ejemplos de campos «aparentemente» ajenos a la inversión bursátil, tiene una gran ventaja a la hora de realizar análisis correctos; tanto de compañías como de las personas que las dirigen y de las circunstancias que los envuelven. El inversor que cuente con dicho bagaje también será capaz de analizar mejor sus propias emociones como inversor y los sesgos psicológicos que guían al consenso de la comunidad financiera.

Warren Buffett ha afirmado en varias ocasiones que, de las tres cualidades que busca en un empleado (inteligencia, energía e integridad), la más importante es la integridad. Del mismo modo, sólo debes invertir en compañías que tengan un equipo directivo liderado por alguien que cuente con esas virtudes (y, también en este caso, sin integridad, las otras dos pierden validez). Aparte de las cualidades mencionadas, el CEO de la compañía debe estar motivado (y tener pasión por el negocio en sí mismo, en vez de por el dinero), sus intereses deben estar alineados con los tuyos como accionista minoritario, y debe poseer *capacity to suffer* (como ya expliqué, la capacidad de sacrificar beneficios a corto plazo a cambio de un futuro mejor).

Las virtudes señaladas están relacionadas entre sí: si el CEO de una compañía es honrado e inteligente y vela por los intereses de los accionistas, tendrá una visión de largo plazo. La visión de largo plazo y la capacidad de sufrimiento están íntimamente relacionadas. Asimismo, la creación de unos incentivos razonables (a través de las políticas de compensación de la compañía) y alineados con el interés principal del accionista (el incremento del valor por acción de la empresa a lo largo del tiempo) forzará al CEO de la compañía a comportarse de forma respetuosa para con sus accionistas.

Las empresas mejor gestionadas suelen estar controladas y gestionadas por el fundador o por sus descendientes. A nivel personal, la mayor parte de mi cartera de acciones siempre está invertida en este tipo de empresas. Las compañías que siguen bajo control familiar suelen salvaguardar mejor los intereses del accionista minoritario, ser más disciplinadas y tener una visión más largoplacista. En algunos sectores, incluso, resulta evidente que la forma idónea de gobierno de una empresa es el control familiar: Las principales marcas y conglomerados europeos de productos de lujo están gestionados y controlados por familias (la familia Arnault en LVMH, la familia Rupert en Richemont, los Dumas en Hermès, la familia Agnelli en Ferrari, los Stern en Patek Philippe, etc.).

7.4.1. ¿Por qué suelen estar mejor gestionadas las compañías que están bajo control del fundador o de su familia?

En primer lugar, la familia que controla la empresa suele tener un alto porcentaje de su capital (por lo que está incentivada a hacer crecer el valor de su negocio a lo largo de los años), que supone la mayor parte del patrimonio familiar (por lo que el foco de atención no se dispersa).

Por otra parte, al existir una estructura de control estable (en caso de haberla), la compañía puede ser gestionada con una visión de largo plazo y dar prioridad a medidas que, aun pudiendo penalizar los resultados inmediatos de la empresa, fomenten su adecuado desarrollo y el aumento de su valor intrínseco en el tiempo (*capacity to suffer*).

Además, en estos casos suelen entrar en juego factores sentimentales que hacen que el compromiso de la familia gestora con la compañía sea mayor (lo que acabará determinando el resultado final: la familia se esforzará por desarrollar una correcta comprensión del negocio y por aprender a gestionarlo de forma inteligente). Éste no es un tema menor, el fundador de una gran compañía cotizada (al igual que sus descendientes) es financieramente independiente y no trabaja por dinero, sino por otras razones (que suponen una fuerza motivadora mucho más fuerte).

7.4.2. Pasión

El dinero puede servir como incentivo a la hora de conseguir que una persona realice bien su trabajo; sin embargo, no suele ser el más poderoso (especialmente, cuando se trata del máximo dirigente de una gran compañía cotizada).

¿Qué hace que Warren Buffett, con 94 años y teniendo un patrimonio de más de 100.000 millones de dólares, siga yendo seis días por semana a las oficinas de Berkshire Hathaway? ¿Por qué rechazó Mark Zuckerberg la oferta de Yahoo de comprar Facebook por 1.000 millones de dólares cuando sólo tenía 22 años y el resto de sus compañeros le presionaban para aceptar un trato que les convertiría en multimillonarios a una edad muy temprana? Desde luego, no es el dinero.

Una persona sólo es capaz de hacer algo realmente bien si siente verdadera pasión por ello. Sólo una persona apasionada por lo que hace es capaz de perseverar. En palabras de Steve Jobs: «Debes ser un apasionado de aquello que haces. La realidad es tan dura que, sin pasión, cualquier persona racional desistiría. Además, debes ejercer tu profesión durante un período largo de tiempo. Si no amas tu trabajo, si no disfrutas realizándolo, te rendirás. Y eso es lo que le sucede a la mayoría. Si comparas a aquellos que acaban siendo exitosos con los que no, generalmente, los primeros son los que disfrutan de su trabajo, de manera que pueden perseverar. Si no amas lo que haces, fracasarás».[95]

Como inversor, debes inclinarte hacia empresas gestionadas por personalidades así de apasionadas por su trabajo; como resulta evidente, es más fácil que encuentres este tipo de carácter en un directivo que sea dueño de la empresa que en un profesional menos comprometido.

En una entrevista reciente, Buffett afirmó que lo que le hace feliz es ganar en aquello que sabe hacer mejor, invertir dinero, y que lo que más le motiva es hacerlo para sus socios: «Me encanta ir a trabajar. Tengo el trabajo más interesante del mundo, al menos para mí. [...] Honestamente, haciendo lo que hago es como más feliz me siento. Lo disfruto por dos razones: Primero, sé que voy a ganar (lo que no significa que vaya a ganar a todo el mundo). Me refiero a que se trata de un juego muy sencillo si cuentas con la mentalidad adecuada acerca de lo que estás comprando; no compro acciones, compro porciones de negocios estadounidenses. [...] La segunda cosa de que disfruto es sentir la confianza de mis socios, prefiero hacer mi trabajo para ellos que para mí solo, aun sabiendo que ganaría más dinero de la otra manera».[96]

95. «Steve Jobs and Bill Gates Together at D5 Conference 2007» [vídeo], YouTube, 29 de marzo de 2013, <https://www.youtube.com/watch?v=wvhW8cp15tk>.

96. «Warren Buffett», [vídeo], Charlie Rose, 14 de mayo de 2022, <https://charlierose.com/videos/31221>.

7.4.3. Alineación de intereses, *skin in the game*[97] y honradez

La alineación de intereses entre el equipo directivo de una empresa y sus accionistas es fundamental. El primer requisito para que esto suceda consiste en que ambos colectivos sean socios de la empresa en los mismos términos (o lo más parecidos posible); los directores deben ser accionistas, también, de la compañía (los principales cargos, además, deben tener un alto porcentaje de su patrimonio invertido en ella). Cuando estas condiciones se dan, el equipo gestor de la organización está incentivado a actuar en favor del accionista minoritario; el objetivo de ambos colectivos será el mismo, el aumento del valor intrínseco por acción de la empresa a lo largo del tiempo.

Es importante analizar la remuneración de los altos cargos de una compañía. Hoy en día, es habitual que ésta tenga un componente variable (ligado a la evolución de la cotización de la acción) más o menos importante que, generalmente, consiste en la entrega de acciones o de opciones sobre acciones de la empresa; sin embargo, es raro ver casos donde los directivos hayan adquirido las acciones de su compañía de forma directa (con su propio dinero) en vez de hacerlo como parte de un programa de remuneración. Como es lógico, son preferibles aquellos casos en los que el equipo directivo haya invertido (o lo esté haciendo) en los mismos términos que el accionista minoritario de la compañía.

Quizá no exista un mejor ejemplo al respecto que el de Berkshire Hathaway: Warren Buffett (principal accionista, CEO y presidente del Consejo de Administración de la compañía) tiene un 14 por ciento del capital de Berkshire y un 30 por ciento de sus derechos de voto. Su salario anual, a lo largo de más de treinta y cinco años, ha sido de sólo 100.000 dólares (antes era de 50.000) y nunca ha recibido ningún trato favorable por parte de la compañía en forma de retribución variable; la participación de Buffett en el capital de Berkshire procede, exclusivamente, de sus inversiones personales en la compañía. Además,

97. Piel en el juego.

la participación de Buffett en Berkshire Hathaway supone un 99 por ciento de su patrimonio personal... Parece evidente que Buffett está incentivado a tomar decisiones que incrementen el valor intrínseco futuro de la empresa en lugar de decisiones que le beneficien a él en detrimento del accionista minoritario.

Los demás miembros del Consejo de Administración de Berkshire también tienen inversiones personales relevantes en la compañía, realizadas con su propio dinero, durante el horario normal de operaciones de la bolsa de Nueva York (como podemos hacer tanto tú como yo), sin haber recibido acciones como parte de ningún programa de remuneración de la compañía. «Greg (Abel), nuestros directores y yo mismo tenemos una inversión *muy grande* en Berkshire en comparación con cualquier remuneración percibida. No utilizamos opciones ni ninguna otra forma unilateral de remuneración; si perdéis vuestro dinero, también perdemos el nuestro».[98]

De hecho, como anécdota, en una ocasión compré acciones de Berkshire el mismo día que Greg Abel (designado sucesor de Buffett al mando del conglomerado); un día de marzo de 2023, aprovechando las caídas bursátiles que siguieron a la quiebra de Silicon Valley Bank, incrementé mi inversión en Berkshire. Al día siguiente, mi primo Javier (que también había comprado sus acciones) me envió una noticia que decía que Abel acababa de comprar, el día previo, acciones de Berkshire Hathaway por valor de 25 millones de dólares.

Tabla 7.6. Participación de los miembros del Consejo de Administración de Berkshire Hathaway en el capital de la compañía (05/03/2025)

	Número de acciones A	**Número de acciones B**	**Inversión en Berkshire Hathaway (05/03/2025)**
Warren Buffett	206.359	951	164.456 M $
Gregory Abel	228	2.363	183 M $
Ajit Jain	166	124.799	195 M $

.../...

98. Warren Buffett, «Letter to the shareholders», Berkshire Hathaway, 22 de febrero de 2025, <https://www.berkshirehathaway.com/letters/2024ltr.pdf>.

.../...

	Número de acciones A	Número de acciones B	Inversión en Berkshire Hathaway (05/03/2025)
Howard Buffett	370	2.450	296 M $
Susan Buffett	80	4.830.609	2.472 M $
Kenneth Chenault	3	1.855	3 M $
Stephen Burke	28	0	22 M $
Christopher Davis	36	2.666	30 M $
Susan Decker	0	3.125	2 M $
Charlotte Guyman	55	3.372	46 M $
Thomas Murphy, Jr.	96	2.125	78 M $
Ronald Olson	120	26.899	109 M $
Wallace Weitz	174	0	139 M $
Meryl Witmer	11	2.000	10 M $
Total	207.726	5.003.214	168.039 M $

Fuente: Elaboración propia a partir de informes de resultados de Berkshire Hathaway.

El Consejo de Administración de Berkshire no es un grupo de marionetas que dependa de la compañía y que, simplemente, baile al son de lo que diga su CEO (como puede suceder cuando la principal fuente de ingresos de un director es la remuneración que recibe por ostentar dicho cargo). Todos los miembros del consejo de Berkshire son financieramente independientes y ninguno de sus directores no ejecutivos está en el puesto por dinero, como evidencia la remuneración que reciben por su trabajo (que dista mucho de la remuneración típica que una gran empresa cotizada ofrece a sus directores, la cual suele consistir en sueldos anuales de cientos de miles de dólares, incluyendo retribuciones en acciones, u opciones sobre acciones, de la propia compañía):

Tabla 7.7. Remuneración anual de los directores no ejecutivos de Berkshire Hathaway (2024)

	Remuneración 2024
Howard Buffett	2.700 $
Susan Buffett	1.500 $
Stephen Burke	2.700 $
Kenneth Chenault	2.700 $
Christopher Davis	6.700 $
Susan Decker	6.700 $
Charlotte Guyman	2.700 $
Thomas Murphy, Jr.	2.700 $
Ronald Olson	2.700 $
Wallace Weitz	6.700 $
Meryl Witmer	6.700 $

Fuente: Elaboración propia a partir de informes de resultados de Berkshire Hathaway.

Berkshire Hathaway ni siquiera proporciona seguros de responsabilidad civil a los miembros de su Consejo de Administración.

Esta estructura de gobierno tan característica y atípica de Berkshire Hathaway no hace más que garantizar a sus accionistas minoritarios que su patrimonio se está gestionando de la misma manera que el de los altos directivos de la compañía. Diciéndolo de una forma coloquial, tanto Buffett como el resto de los directores de Berkshire están en el mismo barco que el pequeño accionista particular que compra acciones de la empresa. Esto demuestra la integridad y honradez de este equipo directivo, expresadas mediante el respeto a sus socios minoritarios a través de una alineación de intereses total entre ambos colectivos.

7.4.4. Aptitud

Evidentemente, la honradez del equipo directivo de la compañía tiene que ir acompañada de un determinado grado de aptitud operativa y disciplina financiera; si no, no es suficiente.

Una buena manera de analizar la aptitud de los principales ejecutivos de una compañía consiste en estudiar el pasado. *A posteriori* se pueden apreciar los aciertos y errores derivados de las decisiones operativas y financieras tomadas por los gestores de una compañía. El inversor puede ver cuál era la visión estratégica del equipo directivo, y cuáles fueron los resultados de las medidas tomadas para intentar desarrollar dicha visión; puede analizar las adquisiciones realizadas por la compañía y ver cuál ha sido su resultado final; puede analizar, también, la política de dividendos de la empresa en cuestión para concluir si es razonable, y si se está ejecutando de forma adecuada (en el capítulo anterior, por ejemplo, se contrastó la disciplina de Berkshire a la hora de recomprar acciones con la falta de disciplina que caracteriza al conjunto de las compañías del S&P 500 al emplear dicha herramienta de retribución al accionista).

No me extenderé en este punto, que ya fue tratado, en cierta medida, en el capítulo de Meta Platforms; en él hablé de la excelente capacidad de ejecución operativa de la compañía y de sus dos adquisiciones más importantes (Instagram y WhatsApp). Además, dichas adquisiciones no sólo mostraban las habilidades de asignación de capital del equipo directivo de Meta, sino que demostraban, también, su extraordinaria competencia operacional (responsable de haber multiplicado el número de usuarios e ingresos de dichas redes sociales).

Sería interesante analizar ejemplos de inversiones exitosas de Berkshire Hathaway, pero alargaría en exceso la disquisición (además, hay muchos libros que cubren ese tema); pasaré directamente a explicar otros aspectos importantes del análisis de la dirección de una compañía (ejemplos de la *capacity to suffer* de Buffett y de cómo estilos de gestión no convencionales pueden hacer triunfar a una compañía dentro de su industria).

7.4.5. Visión de largo plazo y *capacity to suffer*

La visión de largo plazo y la capacidad de sufrimiento están íntimamente relacionadas con las cualidades anteriormente comentadas; si el CEO de una compañía es su fundador (o un descendiente de éste) y principal accionista, estará incentivado a incrementar el valor de su negocio a lo largo del tiempo (no sólo por la cuenta que le trae, ya que su patrimonio depende de la evolución financiera de la compañía, sino por otros factores subjetivos y emocionales) y será capaz de tomar las medidas adecuadas para conseguirlo, a pesar de que éstas puedan penalizar a corto plazo los resultados de la empresa. El inversor entenderá, mejor que nadie, la importancia de la capacidad de sufrimiento en el mundo empresarial, ya que se trata de una virtud que él mismo debe cultivar en la bolsa: invertir es diferir gratificaciones; invertir es sacrificar el disfrute presente de un capital a cambio de uno mayor en el futuro.

Buffett ha protagonizado la trayectoria de reinversión de capital más larga y exitosa de la historia: desde que tomó el control de Berkshire en 1965, Buffett no ha distribuido más que un único dividendo (en 1967, decisión a la que el propio Buffett se refirió posteriormente como «un terrible error») y nunca ha cobrado más de 100.000 dólares de salario anual por su trabajo al frente de la compañía. Esto, de por sí, demuestra la radical capacidad de Buffett para diferir constantemente el fruto de sus exitosas decisiones de inversión, lo que ha permitido a Berkshire experimentar la magia del interés compuesto en el tiempo.

La capacidad de mantener un criterio diferente del de la mayoría ante la presión de las críticas demuestra *capacity to suffer*. Buffett y Munger, como máximos dirigentes de Berkshire Hathaway, han hecho patente esta capacidad, por ejemplo, al mantener un balance conservador (con grandes posiciones de tesorería) durante mercados bursátiles alcistas y burbujas especulativas.

Cabe destacar que, en 1999, *Barron's* publicó un artículo (titulado «What's Wrong, Warren?») en el que se hacía eco de las críticas de la comunidad financiera al conservadurismo financiero de Berkshire durante la burbuja tecnológica de finales del siglo XX: «Tras más de treinta años de incomparable éxito en sus inversiones, Warren Buffett parece haber perdido su toque mágico. [...] Buffett, que cumplirá 70 años en 2000, es considerado por cada vez más inversores como demasiado conservador e, incluso, pasado de moda. Buffett, CEO y presidente de Berkshire, puede ser el mejor inversor del mundo, pero no ha participado, ni ha sabido aprovechar, el *boom* de las acciones tecnológicas de los últimos años»;[99] en dicho artículo, *Barron's* también comparaba el mal desempeño de la acción de Berkshire Hathaway con la buena evolución del S&P 500 y de otras grandes compañías como General Electric o la aseguradora AIG.

Pero lo importante no es cómo empieza una carrera, sino cómo acaba; tras el estallido de la burbuja tecnológica del año 2000, tanto el S&P 500 como las acciones de General Electric, AIG y otras muchas compañías cuyas cotizaciones habían alcanzado niveles desorbitados colapsaron, acumulando pérdidas de más de un 50 por ciento entre sus máximos de cotización del año 2000 y finales del año 2002. Sin embargo, el valor bursátil de Berkshire subió más de un 50 por ciento en ese mismo período.

Gráfico 7.2. Cotización de Berkshire Hathaway, S&P 500, General Electric y AIG (1999-2019; base 100 = 31/12/1999)

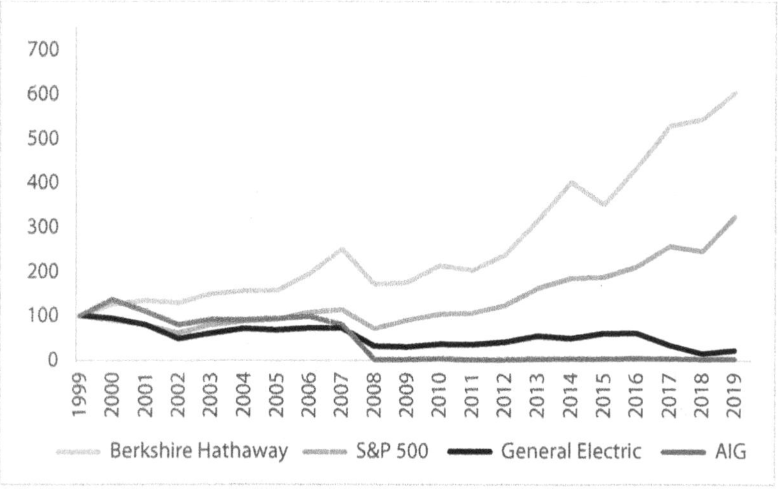

Fuente: Elaboración propia a partir de Yahoo.

99. Andrew Bary, «What's wrong, Warren? Berkshire's down for the year, but don't count it out», *Barron's*, 27 de diciembre de 1999, <https://www.barrons.com/articles/SB945992010127068546>.

Además, pocos años después, General Electric y AIG sucumbirían a la crisis financiera de 2008 (AIG sería intervenida por el gobierno estadounidense, mientras que General Electric se salvó y fue reflotada, en parte, por préstamos concedidos por la propia Berkshire Hathaway), mientras que Berkshire seguiría prosperando; durante los veinte años siguientes a la publicación del famoso artículo de *Barron's*, Berkshire batiría al S&P 500 por un alto margen. La diferente evolución bursátil de Berkshire y del S&P 500 durante dicho período se explica por el distinto ritmo de crecimiento de ambos contendientes: mientras que el beneficio del S&P 500 creció un 6 por ciento anual acumulativo entre 1999 y 2019, el de Berkshire lo hizo en un 14 por ciento gracias, principalmente, a las decisiones de inversión de Buffett.

En cierta ocasión, Munger respondió a las críticas a la prudencia de Berkshire Hathaway de la siguiente manera: «Hace falta carácter para sentarse con toda esa posición de tesorería sin hacer nada. Pero no he llegado hasta donde estoy ahora persiguiendo oportunidades mediocres».[100] Se necesita disciplina y capacidad de sufrimiento para resistir la presión de participar en mercados bursátiles sobrevalorados manteniendo amplias posiciones de liquidez mientras, alrededor, inversores menos prudentes ganan «dinero fácil»; el miedo a quedarse fuera del mercado en este tipo de situaciones provoca que los inversores sucumban a la tentación de comprar acciones justo cuando sus precios son menos atractivos. Buffett y Munger, por el contrario, son pacientes y esperan a que surjan oportunidades realmente atractivas, aquellas en las que el riesgo es mínimo y la ganancia potencial, significativa.

Warren Buffett, como CEO de Berkshire Hathaway, también ha demostrado de otras maneras su visión de largo plazo y *capacity to suffer*; distintas filiales del conglomerado sirven como ejemplo de esta característica de Buffett y de su genial visión estratégica. A continuación, explicaré brevemente tres ejemplos que lo demuestran.

100. Peter Kaufman, *op. cit.*

Berkshire adquirió el control de National Indemnity en 1967 por sólo 8,6 millones de dólares. Gracias a la dirección de Buffett (y a la gestión operativa de, principalmente, Ajit Jain), es actualmente la aseguradora más grande del mundo por valor contable (de más de 200.000 millones de dólares). El negocio asegurador de Berkshire es un ejemplo de cómo a Buffett sólo le importa el incremento de valor intrínseco de su compañía a lo largo del tiempo, mientras ignora la volatilidad de sus resultados a corto plazo. La evolución operativa de National Indemnity entre 1986 y 2004 representa uno de los casos más impresionantes que se pueden analizar. Además, dicho ejemplo demuestra la gran capacidad de comprensión que Buffett tiene del negocio asegurador y su aptitud operativa como máximo responsable de la gestión de una compañía de ese sector.

Para comprender el ejemplo, conviene repasar primero, rápidamente, los fundamentos del negocio asegurador. Una aseguradora cobra una prima a cambio de cubrir un determinado riesgo. La compañía aseguradora ingresa ese dinero por anticipado y sólo paga las indemnizaciones correspondientes si acontece el riesgo asegurado; durante dicho intervalo (desde el cobro de la prima hasta el pago de la indemnización), la aseguradora invierte el capital disponible (las primas cobradas) en su propio beneficio (aunque no le pertenezca dicho capital).

A lo largo de la historia, el conjunto de la industria aseguradora apenas ha generado rentabilidad a través de su negocio operativo (vendiendo pólizas de seguros); la inmensa mayoría de sus beneficios ha derivado del resultado de sus inversiones. Esta decepcionante realidad se debe, en gran medida, a la alta competencia que caracteriza al sector, la cual se encarga de limitar las rentabilidades de sus participantes: «Las aseguradoras han generado, tradicionalmente, rentabilidades pobres por una simple razón: venden un producto no diferenciado. Las pólizas de seguros están estandarizadas y son ofrecidas por multitud de proveedores. [...] Además, al tomador no le importa quién le venda la póliza. Hay millones de consumidores que dicen: "Necesito unas cuchillas de afeitar Gillette", o: "Voy a tomar una Coca-Cola", pero sigo esperando en vano a que alguien diga: "Quiero una póliza de National Indemnity, por favor". Como consecuencia, la competencia en precio es feroz».[101]

Gráfico 7.3. Beneficio de la industria aseguradora de propiedad y responsabilidad civil de Estados Unidos (2007-2023)

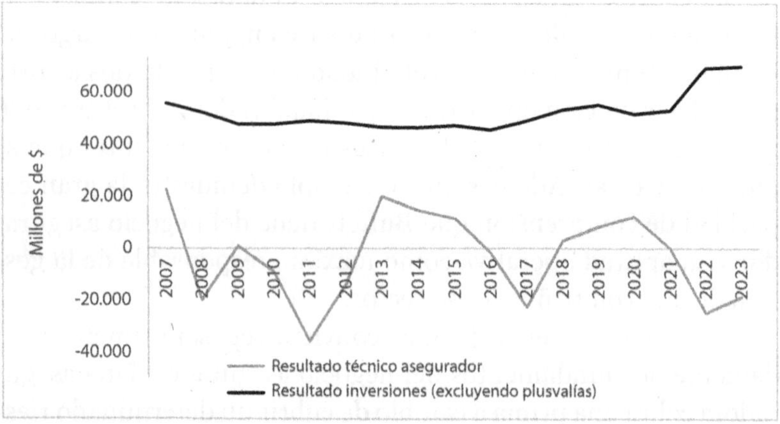

Fuente: Elaboración propia a partir de informes de la National Association of Insurance Comissioners.

Por el contrario, el negocio asegurador de Berkshire Hathaway ha generado beneficios vendiendo pólizas de seguros (sin contar con los espectaculares resultados de las inversiones de Buffett) de forma consistente a lo largo del tiempo. En la siguiente tabla puede apreciarse el excelente historial de rentabilidad de National Indemnity entre 1986 y 2004; en dicho período, la compañía generó regularmente un resultado técnico asegurador positivo (salvo en 2001) mientras que el conjunto de la industria aseguradora no fue capaz de ser rentable vendiendo pólizas de seguros más que en uno solo de esos años (en 2003).[102]

101. Warren Buffett, «Letter to the shareholders», Berkshire Hathaway, 28 de febrero de 2005, <https://www.berkshirehathaway.com/letters/2004ltr.pdf>.

102. Martin J. Whitman y Fernando Diz, *Modern Security Analysis*, John Wiley & Sons, Inc, Estados Unidos, 2013.

Tabla 7.8. Retrato de una aseguradora disciplinada, National Indemnity Company (1985-2004)

National Indemnity Company			National Indemnity Company		
Año	Primas (M $)	Beneficio asegurador/ primas	Año	Primas (M $)	Beneficio asegurador/ primas
1985	160,7	2 %	1995	78	9 %
1986	366,2	31 %	1996	74	7 %
1987	232,3	27 %	1997	65,3	6 %
1988	139,9	25 %	1998	56,8	9 %
1989	98,4	15 %	1999	54,5	5 %
1990	87,8	7 %	2000	68,1	3 %
1991	88,3	13 %	2001	161,3	–12 %
1992	82,7	5 %	2002	343,5	17 %
1993	86,8	11 %	2003	594,5	18 %
1994	85,9	5 %	2004	605,6	5 %

Fuente: Elaboración propia a partir de Warren Buffett.[103]

La disciplina financiera de Buffett permitió a National Indemnity generar rentabilidades extraordinarias sobre su capital durante un período en el que la industria aseguradora no hizo más que perder dinero; a cambio, National Indemnity tuvo que soportar una caída de facturación del 85 por ciento. La rentabilidad de la compañía no se vio comprometida en ningún momento, a pesar de que mantener sus altos márgenes conllevara la renuncia a vender nuevas pólizas de seguros.

Algo así sólo puede pasar cuando el control de la empresa en cuestión está en manos de un directivo como Buffett, que además de comprender a la perfección el negocio subyacente de la compañía, tiene visión de largo plazo y una gran *capacity to suffer*. Dicha capacidad de sufrimiento se evidencia en el hecho de ser capaz de mantener su independencia de criterio (a pesar, incluso, de sufrir por ello una caída de facturación del 85 por ciento): Buffett priorizó la disciplina financiera (a cambio de ceder

103. Warren Buffet, *op. cit.* (2005).

cuota de mercado a competidores menos prudentes) y evitó sucumbir a la tentación de suscribir pólizas a precios poco atractivos (que hubieran causado pérdidas para la compañía al infravalorar las indemnizaciones potenciales derivadas de los riesgos asumidos).

Así lo explica Buffett en una de sus cartas anuales: «(En National Indemnity) contamos con una sola ventaja, una mentalidad que el resto de las aseguradoras no son capaces de replicar. [...] ¿Podéis imaginar una empresa cotizada cuyo modelo de negocio tolere una caída de ingresos como la que experimentamos entre 1986 y 1999? Dicha colosal caída, cabe destacar, no se produjo porque no pudiéramos vender pólizas. Podríamos haber facturado miles de millones de dólares si hubiéramos estado dispuestos a reducir nuestros precios. Pero, en lugar de eso, fijamos nuestros precios para generar beneficios, no para igualar a nuestro competidor más optimista. Nunca abandonamos a nuestros clientes, fueron ellos los que nos abandonaron. La mayoría de las compañías estadounidenses sigue un "imperativo institucional" que rechaza disminuciones prolongadas de facturación. ¿Qué CEO disfruta no sólo informando a sus accionistas de que sus ingresos cayeron el año previo, sino de que seguirán cayendo en el futuro? En la industria aseguradora, la necesidad de seguir vendiendo pólizas se intensifica por el hecho de no conocerse las consecuencias de los ridículos precios de las pólizas en cuestión hasta que ha pasado el tiempo».[104]

Otra demostración de *capacity to suffer* de Buffett la encontramos en GEICO, su filial de seguros de vehículos. Se trata de un caso, en cierto modo, contrario al de National Indemnity, lo que demuestra su gran capacidad de comprensión de empresas con modelos de negocio y necesidades estratégicas diferentes. Buffett fue capaz de hacer prosperar a National Indemnity con una estrategia basada en la disciplina financiera (que permitió dejar caer el volumen de facturación de la compañía para no comprometer sus márgenes de beneficio) y, al mismo tiempo, de reactivar la estrategia de crecimiento de GEICO de forma exito-

104. Ibídem.

sa (al reducir sus precios deliberadamente, incrementar con fuerza la inversión publicitaria de la compañía y, como consecuencia, sacrificar sus márgenes de beneficio en el corto plazo para ganar cuota de mercado y crecer más rápido).

En ambos casos, la estrategia seguida por Buffett fue la correcta; en National Indemnity (que vendía un producto no diferenciado y que carecía de ventajas competitivas en costes) Buffett necesitaba, simplemente, una fuente de financiación sin coste (para invertir su capital en otras oportunidades de inversión), mientras que en GEICO (que también vendía pólizas estandarizadas en un segmento competitivo de la industria aseguradora, pero que, a diferencia de National Indemnity, sí que contaba con importantes ventajas en costes gracias a su estrategia de venta directa) veía un negocio de crecimiento con una posición competitiva que no haría más que fortalecerse a medida que aumentase su escala.

Berkshire Hathaway comenzó a invertir en acciones y deuda convertible de GEICO en los años setenta. Posteriormente, en 1995, Berkshire adquirió el porcentaje del accionariado de GEICO que aún no tenía. En 1996, la cuota de mercado de GEICO era de menos del 3 por ciento (GEICO facturaba 3.000 millones de dólares anuales), mientras que en 2024 (cuando GEICO llegó a facturar más de 40.000 millones de dólares) era de en torno al 13 por ciento.

El espectacular crecimiento de GEICO se debe al hecho de que Buffett comprendió las ventajas competitivas de la compañía (GEICO era el *low cost producer*, o proveedor a menor coste, de la industria de seguros de automóviles de Estados Unidos gracias a su estrategia de venta directa) y su modelo de negocio (sistema de «economías de escala compartidas» a través del cual la compañía traspasa sus ahorros en costes al cliente como menores precios, lo que a su vez le permite vender más pólizas, aumentar su escala, reducir más sus costes unitarios, y volver a traspasar dichas mejoras de eficiencia a sus clientes, creando un círculo virtuoso que se retroalimenta), y también a que tuvo la determinación y *capacity to suffer* necesarias para aprovechar dichas ventajas: tras adquirir el control de la compañía, Buffett incrementó sustancialmente la inversión en marketing de GEICO (tan sólo cuatro años después de ser adquirida por Berkshire, GEICO invertía en publicidad un importe casi igual al beneficio neto que generaba como empresa independiente) y redujo sus precios deliberadamente, a pesar del deterioro de márgenes que ello conllevaba.

La necesidad de invertir con fuerza por anticipado y, al mismo tiempo, de satisfacer las exigencias de Wall Street (ya vimos, la comunidad financiera se caracteriza por una mentalidad muy cortoplacista) provocó que los competidores de GEICO decidieran rehuir el combate; la mentalidad de Buffett, sin embargo, es radicalmente distinta y se enfoca sólo en el crecimiento del valor de sus empresas. «No hay límite para las inversiones que Berkshire está dispuesta a acometer para fomentar el crecimiento de GEICO. [...] Como consecuencia de los costes iniciales requeridos, las compañías que se preocupan por sus resultados trimestrales o anuales renuncian a embarcarse en inversiones destinadas al aumento de su valor a largo plazo. Nuestro cálculo es diferente: Simplemente, estimamos si podemos generar más de un dólar de valor por cada dólar invertido, y si la conclusión es favorable, cuantos más dólares invirtamos, más contento estaré. [...] El margen de beneficio de GEICO en 1998 fue del 6,7 por ciento, mejor de lo que pronosticábamos; mejor, incluso, de lo que nos gustaría. [...] Hemos respondido reduciendo el precio de nuestras primas un 3,3 por ciento en 1998, y los reduciremos todavía más en 1999. Estas decisiones provocarán el deterioro de los márgenes de la compañía».[105]

El último caso que quería mencionar es el de Berkshire Hathaway Energy (el conglomerado energético de Berkshire), que representa otro ejemplo de éxito gracias a un estilo de gestión nada convencional y enfocado, exclusivamente, en el crecimiento del valor de la compañía a lo largo del tiempo.

105. Warren Buffett, *op. cit.* (1999).

Gráfico 7.4. Cuota de mercado de GEICO (1990-2024)

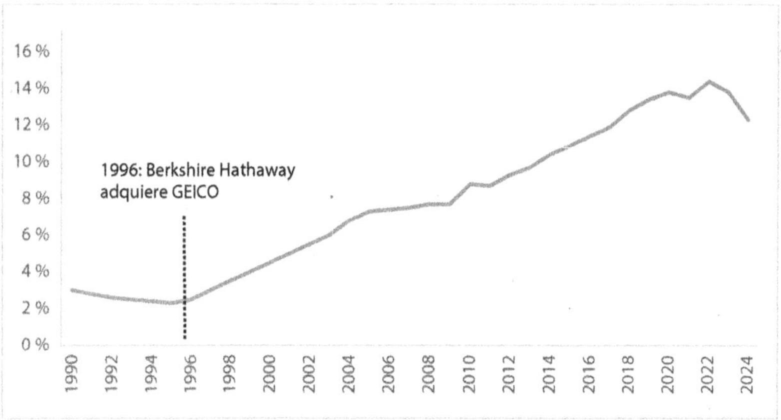

Fuente: Elaboración propia a partir de A. M. Best[106] e informes de resultados de Berkshire Hathaway.

B. H. Energy, bajo el control de Buffett, ha reinvertido la totalidad de sus beneficios en nuevos proyectos (generación de electricidad renovable, expansión de líneas de transmisión, etc.) y en la adquisición de otras empresas y activos energéticos, al contrario que la mayoría de las *utilities* (empresas reguladas de servicios públicos, como la generación y distribución de electricidad), que suelen destinar la mayor parte de sus beneficios al reparto de dividendos.

La reinversión de beneficios de B. H. Energy a tasas de rentabilidad adecuadas (y consistentemente superiores a la media de su sector) durante un período temporal extenso ha provocado que B. H. Energy se haya convertido en un gigante energético con activos de más de 100.000 millones de dólares y recursos propios de 50.000 millones de dólares. Merece la pena destacar que parte del éxito de B. H. Energy se debe a la excelente gestión de Greg Abel (CEO entre 2008 y 2018); Abel fue, además, fun-

106. Renée Kiriluk-Hill, «Auto insurance. Race to the top», *Best's News. Insurance Industry Headlines from A. M. Best*, octubre de 2019, <https://news.ambest.com/articlecontent.aspx?refnum=289808>.

damental en muchas de las exitosas adquisiciones realizadas por B. H. Energy.

Gráfico 7.5. Reinversión de beneficios de Berkshire Hathaway Energy (2009-2024)

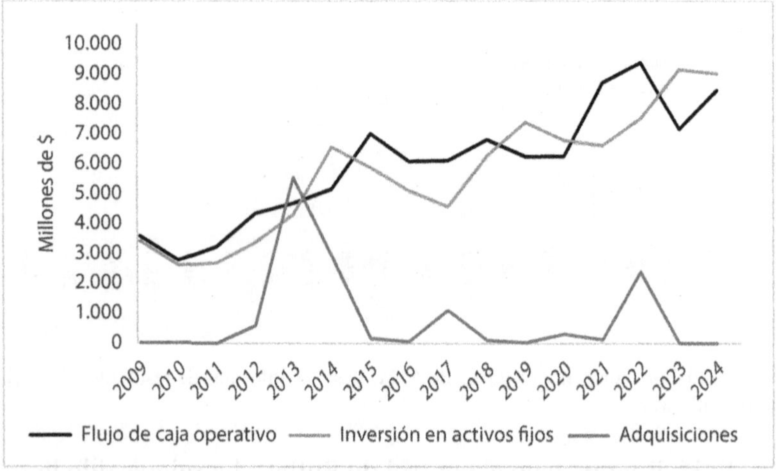

Fuente: Elaboración propia a partir de informes de resultados de Berkshire Hathaway.

Gráfico 7.6. ROE de Berkshire Hathaway Energy y del S&P 500 Utilities Sector (2014-2024)

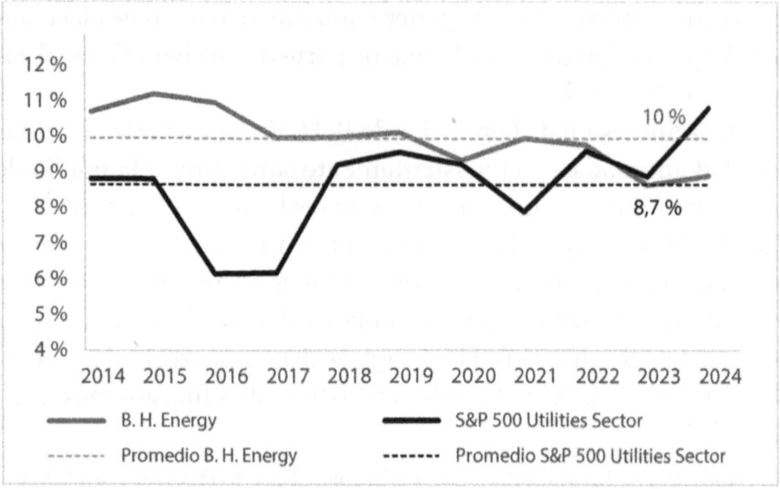

Fuente: Elaboración propia a partir de informes de resultados de Berkshire Hathaway Energy y Bloomberg.

7.4.6. La importancia de la cultura empresarial y de la calidad del negocio subyacente para perdurar en el tiempo

Antes de finalizar el análisis de Berkshire Hathaway conviene responder una duda que suele plantear la comunidad financiera en relación con la compañía: ¿Qué sucederá tras el fallecimiento de Warren Buffett (que, en 2025, cumple 95 años)?

En primer lugar, hay que tener presente que Berkshire Hathaway ya no necesita un líder tan brillante como Buffett para prosperar (mientras que éste sí era necesario durante la fase de construcción de la compañía). Esto se debe, principalmente, a la diversidad y calidad de los negocios subyacentes que conforman Berkshire en la actualidad. El conglomerado ya no necesita las extraordinarias habilidades de inversión de Buffett para seguir creciendo; Berkshire ya no es un negocio textil en declive (como en 1965), sino un grupo de empresas con ventajas competitivas duraderas y ciertas expectativas de crecimiento (BNSF, B. H. Energy, GEICO, etc.).

Los principales negocios de la compañía (seguros, transporte ferroviario de mercancías, producción y distribución de electricidad) son relativamente resistentes al inevitable riesgo de obsolescencia tecnológica que acecha a cualquier compañía y cuentan con importantes ventajas competitivas que las inmunizan ante la competencia y que les permitirán perdurar en el tiempo. Por ejemplo, BNSF está completamente integrado en la economía estadounidense (representa un 15 por ciento del transporte interregional de mercancías de Estados Unidos), y posee ventajas competitivas (el ferrocarril es la forma más eficiente, tanto a nivel económico como medioambiental, que existe para mover grandes cantidades de mercancía, y el ingente coste requerido para desarrollar una alternativa sustitutiva imposibilita la viabilidad financiera de esta última) que garantizan que seguirá siendo un activo importante de la economía estadounidense incluso dentro de cien años (sin importar quién sustituya a Buffett como CEO de Berkshire Hathaway). B. H. Energy, la segunda filial no aseguradora más importante del conglomerado, también es parte fundamental de la infraestructura económica de Estados Unidos (es el mayor productor de energía renovable del país) y seguirá siendo un activo importante de Berkshire y de Estados Unidos en el futuro. El negocio asegurador del grupo también cuenta con importantes ventajas competitivas gracias a su incomparable fortaleza financiera y a ciertas ventajas en costes (en el caso de GEICO, por su estrategia de venta directa, y en el del resto de las aseguradoras del grupo por su extrema solidez financiera que, por ejemplo, hace que no necesiten acudir al mercado reasegurador para desarrollar su actividad, con lo que ahorran un coste significativo de naturaleza recurrente).

Cabe destacar que Buffett ni siquiera está involucrado directamente en la gestión operativa de sus filiales (cada una de ellas tiene su propio CEO); el trabajo de Buffett consiste, además de la toma de decisiones de inversión y asignación de capital, en seleccionar y motivar al dirigente de cada una de sus filiales, pero no en la gestión de éstas (desde 1965, Buffett apenas ha intervenido en las operaciones de sus compañías más que en unas pocas ocasiones: determinando el incremento anual de precios de los bombones de See's Candies y tomando decisiones estratégicas en algún otro caso, como en el de sus principales empresas aseguradoras). La diversidad y calidad de los diferentes negocios de Berkshire, unidas a la extrema descentralización de su estructura de gobierno, protegen los intereses de sus accionistas y amortiguarán el impacto de los errores que cometan los sucesores de Buffett en el futuro.

Además de la calidad de los activos subyacentes, la cultura de una compañía (que, aunque emane de la personalidad y filosofía de gestión del fundador, puede sobrevivirle si es adecuadamente fomentada) también puede servir como antídoto contra las principales causas de la decadencia empresarial (o sea, la arrogancia, la burocracia y la complacencia, que según Munger, conforman el abc del declive de cualquier gran empresa). Una forma de impermeabilizar la cultura y la gestión de una compañía del cortoplacismo que caracteriza a las exigencias de Wall Street consiste, por ejemplo, en institucionalizar prácticas de gobernanza y políticas de remuneración que fomenten una correcta gestión de ésta. En el caso de Berkshire, la peculiar composición y remuneración de su Consejo de Administración actúa como escudo protector de los intereses de su accionista minoritario.

Como he dicho, el principal foco de atención de Buffett, actualmente, recae sobre las inversiones de Berkshire (campo en el que se le echará más en falta, aunque, como también expliqué, ya no es necesario que las inversiones de la compañía generen rentabilidades extraordinarias para que sus accionistas obtengan una buena rentabilidad a lo largo del tiempo); desde 2018, Greg Abel (máximo responsable del negocio no asegurador de Berkshire, y designado como sucesor de Buffett) y Ajit Jain (máximo responsable del negocio asegurador de la compañía) son los encargados de supervisar la evolución de las filiales del conglomerado. Ambos han demostrado, a lo largo de varias décadas, sus excelentes habilidades de gestión empresarial; Ajit Jain ha sido el gran responsable del crecimiento del negocio asegurador de Berkshire (especialmente, de su negocio reasegurador) y Greg Abel ha sido fundamental en el crecimiento de Berkshire Hathaway Energy (gracias a su capacidad ejecutiva y a sus probadas habilidades como inversor).

Merece la pena recordar los comentarios de Charlie Munger en una carta dirigida a los accionistas de Berkshire Hathaway, en la que daba su opinión acerca del futuro de la compañía en ausencia de Buffett (visión que comparto): «La penúltima tarea en mi lista consiste en predecir si los extraordinariamente buenos resultados de Berkshire continuarán sin Buffett. La respuesta es que sí. Las filiales de Berkshire gozan de un buen estado de forma, sostenido por ventajas competitivas duraderas en el tiempo. Si el sistema de gestión de Berkshire se mantiene, la fortaleza de la compañía y el atractivo de sus oportunidades son tan grandes que Berkshire, con casi total seguridad, seguirá siendo una compañía mejor que la media durante mucho tiempo a pesar, incluso, de que, uno, Buffett nos dejara mañana, dos, sus sucesores fueran personas de moderada aptitud, y tres, Berkshire no volviera a realizar ninguna gran adquisición. Sin embargo, bajo la hipótesis de un inmediato fallecimiento de Buffett, sus sucesores no serían de sólo "moderada aptitud". Ajit Jain y Greg Abel son ejecutivos contrastados para los cuales la descripción *world-class* se queda corta. *World-leading* sería el término que yo utilizaría para describirlos. En ciertos aspectos de relevancia, ambos son mejores empresarios que Buffett. Pienso que ni Jain ni Abel, uno, abandonarán Berkshire (da igual lo que les ofrezcan fuera), ni, dos, tienen interés en cambiar el sistema de gestión de Berkshire».[107]

Desde que compré mis primeras acciones de Berkshire Hathaway, la compañía ha supuesto siempre una parte relevante de mi cartera de acciones (representa cerca de un 30 por ciento de ésta). Quizá no sea demasiado racional asignar a Berkshire un peso tan significativo dentro de una cartera si se quiere batir al S&P 500 por un margen amplio (especialmente a las valoraciones a las que cotizaba la compañía a principios de 2025, próximas a su valor intrínseco). Sin embargo, creo que es importante reservar siempre un sitio privilegiado dentro de una cartera para aquellas empresas en las cuales se percibe una menor probabilidad de perder dinero, en vez de en las que la potencial ganancia sea mayor; lo principal es controlar el riesgo. Como dice Joel Greenblatt: «Si no pierdes, la mayoría de las alternativas restantes son buenas».[108]

Por suerte, como inversor, no tienes por qué dar demasiada importancia a esto: a lo largo del libro ha quedado demostrado que puedes maximizar la rentabilidad de tus inversiones a la vez que minimizas los riesgos asumidos (cuanto mayor sea la calidad de la empresa en la que inviertas, mayor será tu expectativa de rentabilidad y menor el riesgo que asumas en dicha inversión; además, cuanto más baratas compres tus acciones, menor será el riesgo que corras, y mayor tu ganancia potencial).

Aunque mis inversiones en Berkshire han generado buenas rentabilidades (superiores a mi expectativa inicial, y a las gene-

107. Charles Munger, «Letter to the shareholders», Berkshire Hathaway, 28 de febrero de 2005, <https://www.berkshirehathaway.com/letters/2004ltr.pdf>.

108. Joel Greenblatt, *Tú puedes ser un genio de la bolsa. Aunque seas un novato*, Profit Editorial, Barcelona, 2021.

radas por el S&P 500 en un período temporal equivalente), el hecho de haber otorgado a la compañía un peso tan relevante dentro de mi cartera ha penalizado algo mis resultados (otras de mis inversiones, como Meta, han generado una rentabilidad superior, y lo han hecho en menos tiempo; dicha rentabilidad ha quedado diluida por culpa de haber asignado un mayor tamaño a Berkshire dentro de mi cartera). Esto no me preocupa en absoluto; el hecho de tener en Berkshire una inversión relevante me permite dormir más tranquilo por las noches: entiendo los principales negocios de la compañía (sus ventajas competitivas y perspectivas de crecimiento a largo plazo), valoro la diversificación que me ofrece (que es especialmente relevante en mi caso, ya que mi cartera está siempre concentrada en torno a seis o siete valores), me gusta su solidez financiera y comprendo los principios filosóficos que guían las decisiones de su equipo directivo, en los que creo.

7.4.7. Alguna idea más sobre la diversificación de carteras

Antes de finalizar, y por su relación con lo anteriormente explicado, creo que conviene decir un par de cosas más acerca de la diversificación de carteras y de la concepción errónea que la comunidad financiera suele tener al respecto.

En primer lugar, no por tener un mayor número de acciones en cartera se está mejor diversificado; se estará más diversificado, pero no mejor... Y estar más diversificado por el mero hecho de estarlo no tiene sentido. Además, para que la diversificación de una cartera sea eficaz, sus componentes no deben estar muy correlacionados entre sí; la diversificación sólo beneficia al inversor si está bien diseñada. También cabe destacar que, muchas veces, una sola acción puede dar de por sí una buena, y más que suficiente, diversificación a sus accionistas (el caso más evidente es el de Berkshire Hathaway).

Si una idea de inversión puede estructurarse a través de varias acciones, en lugar de una sola, está bien hacerlo porque se reduce el riesgo idiosincrásico de cada acción individual; un par de ejemplos se pueden encontrar tanto en la reciente y exitosa inversión de Berkshire Hathaway en las cinco grandes *sogo shosha* japonesas (Itochu, Mitsui, Mitsubishi, Marubeni y Sumitomo) como en su inversión en ferrocarriles estadounidenses durante la primera década de este siglo (aunque Buffett concentraría posteriormente su «apuesta» en la adquisición de BNSF). Sin embargo, otras veces resulta poco inteligente ejecutar de esta manera una inversión; por ejemplo, en industrias muy competitivas y que no crecen, es decir, en industrias que pueden considerarse *juegos de suma cero* (el crecimiento de una compañía de la industria conllevará la caída de facturación de otra compañía) no tiene sentido este tipo de diversificación.

Por otra parte, y en relación con la sobrediversificación que caracteriza a la industria financiera, conviene mencionar otro error que muchos inversores cometen: generalmente, las personas que cuentan con un gran patrimonio tienen muy concentrada su riqueza en un único negocio, pero sus inversiones financieras suelen estar repartidas entre diversas clases de activos y una infinidad de instrumentos dentro de cada una de ellas (incluso gestionadas por diferentes asesores, lo cual es del todo contraproducente). A estos inversores, tener la mayor parte de su patrimonio ligado a un único negocio no les supone ninguna preocupación especial (de hecho, es lo que ha permitido prosperar tanto a sus familias) y, sin embargo, no pueden concentrar su patrimonio financiero en un puñado de acciones de calidad (calidad que, incluso, puede ser muy superior a la del negocio operativo de la familia en cuestión; desde luego, no conozco muchas personas que sean dueñas de un negocio tan fuerte como el de Meta Platforms o Berkshire Hathaway).

Este error de sobrediversificación no se puede achacar solamente al inversor, sino que la culpa recae, principalmente, sobre los profesionales encargados de la gestión de su patrimonio financiero. Como es lógico, un empresario exitoso no tiene por qué saber gestionar sus inversiones financieras, de modo que es razonable que subcontrate esta función a algún asesor profesional. Estos asesores deberían ser capaces de gestionar de forma eficaz el patrimonio de su cliente (¿qué mejor manera de hacerlo que a través de la compra de unas cuantas acciones de calidad y crecimiento compradas a precios de ganga?) y, sin embargo, no lo hacen. ¿Por qué? El problema es que esos «profesionales», en general (siempre hay excepciones), ¡no son profesionales! No dedican su esfuerzo a aquello que más convendría a sus clientes (comprar acciones infravaloradas de empresas de calidad), sino que lo malgastan en estrategias «de inversión» que han demostrado, una vez tras otra, ser un fracaso.

El trabajo de dichos asesores debería consistir en encontrar una serie de inversiones infravaloradas que prometan generar rentabilidades adecuadas a lo largo del tiempo para sus clientes (los inversores), pero ¡no están haciendo eso! Están intentando pronosticar la evolución de los tipos de interés de la FED o del BCE (¡cuando ni siquiera los propios banqueros centrales pueden hacer un pronóstico preciso al respecto!) para determinar si deben sobreponderar el sector bancario en las carteras de sus clientes o si deben alargar, o no, la duración de las inversiones de renta fija de dichas carteras (¿cómo no? ¡Una cartera que se precie debe estar siempre invertida al 60 por ciento en acciones y al 40 por ciento en renta fija!). Puede que incluso estén posicionando las carteras de sus clientes para que se beneficien de un determinado dato macroeconómico que se publicará a finales de semana, o que estén comprando acciones de la típica empresa de moda (la que más haya subido en bolsa y que es probable que ¡esté sobrevalorada!).

Creo que ya ha quedado suficientemente claro que la industria financiera deja mucho que desear (aunque, como dije, hay excepciones; ellos saben quiénes son, y sus clientes también). La comunidad financiera, en vez de seguir por el camino que ha decidido recorrer, debería hacer algo de autocrítica, comprender mejor las necesidades de sus clientes y preocuparse de poner en práctica estrategias de inversión contrastadas que puedan generar valor para estos últimos (en vez de perseguir su propio interés a toda costa).

Epílogo

A lo largo de este libro he tratado de explicar cómo puedes rentabilizar tu patrimonio (o el de tus clientes) de una forma prudente y exitosa a lo largo del tiempo. La inversión bursátil es el vehículo idóneo para que consigas dicho objetivo; ninguna otra clase de activo financiero te permitirá hacerlo de forma consistente en el tiempo. Evidentemente, es posible aprovechar oportunidades de inversión en otros activos, pero ninguno de ellos promete generar altas rentabilidades, mientras se minimiza el riesgo asumido, a lo largo de un período temporal extenso.

Las tres variables señaladas son fundamentales: alta rentabilidad, bajo riesgo y un horizonte temporal largo de la inversión. La inversión en el capital de empresas (esto es la inversión en bolsa) es la única alternativa que permite a cualquier persona (sin necesidad de una capacidad intelectual sobresaliente, ni de recursos extraordinarios) combinar dichas variables de forma óptima.

La inversión bursátil, puede llevarse a cabo con éxito de dos maneras: o bien de forma pasiva, o bien de forma activa; como inversor, puedes delegar la gestión de tu patrimonio o gestionarlo directamente. Tus circunstancias particulares serán las encargadas de determinar qué camino debes seguir; si no tienes ni el tiempo ni el conocimiento necesarios para gestionar la inversión de tu patrimonio, debes delegar su gestión, mientras que, si te gusta la inversión, tienes tiempo y conocimientos suficientes como para dedicarte a ello y cuentas con la actitud adecuada, puedes gestionar con éxito tus inversiones en bolsa (mejor, incluso, que delegando su gestión).

En caso de que elijas delegar la gestión de tus inversiones bursátiles, debes tener clara una cosa: la industria financiera no tiene por qué tener sus intereses alineados con los tuyos (a veces sí, generalmente no). Mientras que tú inviertes tu patrimonio para obtener una rentabilidad adecuada a lo largo del tiempo, la industria financiera cobra comisiones en función del volumen del patrimonio que gestiona y del grado de (hiper-) actividad al que somete dicho patrimonio: tus costes son sus ingresos, vuestros intereses no están alineados.

Si decides delegar la gestión de tu patrimonio, la forma más sencilla de obtener buenas rentabilidades, asumiendo el menor riesgo posible, consiste en invertir periódicamente en fondos que repliquen el comportamiento del principal índice bursátil estadounidense (S&P 500) o, en su defecto, del principal índice bursátil mundial (MSCI World). Esta estrategia de inversión promete generar rentabilidades superiores a las de la mayoría de los inversores y gestores profesionales de fondos y, además, no requiere casi ningún esfuerzo por tu parte. Tanto Warren Buffett como yo te recomendamos esta estrategia de inversión. Gracias a ella podrás rentabilizar tu patrimonio en línea con las mayores empresas del mundo; en la medida en que el capitalismo funcione y las empresas estadounidenses prosperen, tu patrimonio crecerá.

Si ejecutas dicha estrategia de una forma adecuada, minimizarás el riesgo asumido: al realizar inversiones periódicas durante un período temporal largo (cuanto más mejor), en lugar de concentrar la inversión en un momento determinado y a una valoración concreta de la bolsa, reducirás al máximo el riesgo de que malos puntos de entrada y de finalización de la estrategia condicionen su resultado final.

Cualquier fondo indexado, o ETF, de Blackrock y Vanguard (los grandes proveedores de fondos de inversión pasiva) sobre el

S&P 500 te permitirá ejecutar la estrategia de forma eficiente (la comisión de gestión de dichos fondos es extremadamente competitiva, de menos del 0,1 por ciento anual; la superior escala de Blackrock y Vanguard les permite comercializar dichos productos a un coste mucho más competitivo que el del resto de las gestoras del mercado).

Pero ¿qué sucede si quieres gestionar de manera directa tus inversiones para obtener rentabilidades superiores a las del mercado? Ésta es una postura perfectamente válida; de hecho, aunque Buffett y yo recomendamos a la mayoría de la gente la estrategia de inversión periódica en un fondo indexado al S&P 500, ¡ni él ni yo la seguimos! Pero que no prediquemos con el ejemplo no significa que no creamos en ella, sino que, simplemente, pensamos que podemos hacerlo mejor si seleccionamos unas pocas empresas de calidad y crecimiento a precios de ganga... ¡Y tú también puedes hacerlo!

Si piensas que invertir en bolsa es la forma más inteligente de rentabilizar tu patrimonio y, además, quieres batir al mercado (en lugar de conformarte con la rentabilidad que éste genere a lo largo del tiempo), debes contar con una filosofía de inversión sólida que guíe tu forma de actuar; sin ella fracasarás. La única filosofía de inversión, aplicable por cualquier persona normal, que ha demostrado funcionar a largo plazo es el *value investing*. Hay casos de operadores bursátiles que han cosechado un gran éxito con otros métodos de inversión o especulación, como George Soros o Jim Simons, pero ¡ni tú ni yo somos ni George Soros ni Jim Simons! La bondad del *value investing* consiste en que puede ser aplicado con éxito por «cualquier» persona (evidentemente, para aplicarlo de forma eficaz debes contar con ciertas virtudes y características emocionales particulares, pero no necesitas la ayuda de una inteligencia sobresaliente, ni de recursos extraordinarios).

El *value investing* se basa en la minimización y maximización simultánea de riesgo y rentabilidad, respectivamente (puedes maximizar la rentabilidad de tus inversiones al mismo tiempo que minimizas el riesgo asumido). Dicha filosofía de inversión consiste en la compra de activos (en nuestro caso, acciones de empresas cotizadas) a precios inferiores a su valor intrínseco. Cuanto mayor sea el descuento con que una acción cotiza frente a su valor, menor será el riesgo que asumas como inversor, y mayor tu potencial rentabilidad.

Como ya expliqué, tanto de forma teórica como a través de diferentes ejemplos de inversiones personales, el *value investing* se fundamenta en una determinada actitud del inversor respecto del objeto de su inversión (el inversor debe asumir que, al comprar una acción de una empresa, se convierte en su dueño, por lo que le corresponde una participación en sus beneficios; el inversor debe emplear la misma mentalidad en la compra de acciones en bolsa que, por ejemplo, cuando compra un piso para ponerlo en alquiler), en una determinada actitud hacia el mercado (que, en palabras de Buffett, está para servirle, no para instruirle; las cotizaciones no deben guiar su actuación, sino brindarle oportunidades de inversión) y en la aplicación de un margen de seguridad (la diferencia entre el precio de compra y el valor estimado de la acción) que le proteja de la incertidumbre inherente al futuro y le permita optimizar sus rentabilidades.

La aplicación práctica del *value investing* requiere tiempo y esfuerzo. Como inversor, deberás estudiar diferentes negocios y su posición competitiva dentro de sus respectivas industrias, evaluar sus perspectivas de crecimiento y de rentabilidad, estimar su valor intrínseco, saber gestionar una cartera de acciones, etc. Para ello, debes ser una persona con curiosidad intelectual y la voluntad de seguir aprendiendo (el mundo cambia y lo que funcionó ayer puede no funcionar mañana).

Además, para llegar a ser un buen inversor debes ser prudente, paciente, disciplinado y ecuánime. También tienes que ser flexible (tener la capacidad de adaptarte a un contexto económico en constante cambio) al mismo tiempo que mantienes un criterio independiente del consenso de la comunidad financiera y firmeza en tus convicciones más profundas. La diferencia entre un buen inversor y uno mediocre está en la actitud.

La inversión bursátil es una herramienta fundamental de ahorro e inversión, y cuanto más joven seas, más útil será para ti. La fuerza del interés compuesto en el tiempo otorga al inversor joven una gran ventaja sobre el resto de los participantes del mercado bursátil (pequeñas diferencias en la tasa de rentabilidad generada, al cabo de un horizonte temporal extenso, producen impresionantes divergencias en el resultado final de una inversión).

Si eres joven, partes con ventaja; cuanto antes empieces a ejecutar la estrategia de inversión pasiva recomendada (inversión periódica en un fondo indexado al S&P 500), o aprendas a aplicar una filosofía de inversión sólida (*value investing*) en la práctica, mejor; mayor será tu recompensa final.

Anexo 1

Warren Buffett recomienda invertir periódicamente en el S&P 500

En mi opinión, lo mejor que puedes hacer es invertir en un fondo indexado al S&P 500. La gente tratará de venderte otros productos porque ganarán más dinero si lo consiguen.[109]

El objetivo del inversor no profesional no debe ser el de elegir ganadores (ni él ni sus asesores pueden conseguirlo), sino ser propietario de un conjunto de negocios que estén destinados a prosperar. Un fondo indexado al S&P 500 alcanzará dicho objetivo. En esto consiste el «Qué» de la inversión para el inversor no profesional. Pero el «Cuándo» también importa. El principal riesgo que corre el inversor novato es el de entrar en el mercado en un momento de exuberancia para, después, quedar desilusionado cuando las pérdidas ocurran (recordad la observación de Barton Biggs: «un mercado alcista es como el sexo, uno disfruta más justo antes de acabar»). El antídoto contra dicho error de cálculo consiste en acumular inversiones durante un período de tiempo largo y nunca venderlas cuando haya malas noticias ni cuando la bolsa cotice muy por debajo de sus niveles máximos. Siguiendo estas reglas, el inversor que no sabe nada, que diversifica y minimiza sus costes, obten-

109. «2020 Berkshire Hathaway Annual Meeting, part 1», Warren Buffett Archive, CNBC, 2 de mayo de 2020, <https://buffett.cnbc.com/video/2020/05/04/berkshire-hathaway-annual-meeting--may-02-2020.html>.

drá resultados satisfactorios con casi total seguridad. De hecho, el inversor no profesional que reconoce sus limitaciones, probablemente obtendrá mejores resultados a largo plazo que el inversor profesional con conocimiento técnico que no es capaz de darse cuenta de ninguna de sus debilidades.[110]

Invirtiendo periódicamente en un fondo indexado, el inversor que carece de conocimientos puede batir a la mayoría de los inversores profesionales. Paradójicamente, cuando el «dinero tonto» reconoce sus limitaciones, deja de ser tonto.[111]

Yo escogería un índice bursátil amplio, pero no invertiría todo en ningún momento puntual. Lo haría durante un período de tiempo porque la propia naturaleza de la inversión en fondos indexados viene a decir: creo que los negocios americanos prosperarán significativamente a lo largo del tiempo, pero no sé lo suficiente como para escoger ni los negocios ganadores, ni los momentos ganadores.[112]

Mi dinero, he de añadir, está donde está mi boca: lo que recomiendo es esencialmente idéntico a las instrucciones que doy en mi testamento. Mi dinero en efectivo irá a parar a un fideicomiso en beneficio de mi esposa y mis acciones de Berkshire Hathaway serán distribuidas a diferentes organizaciones filantrópicas durante un período de diez años. Mi consejo para la administración del fideicomiso no puede ser más simple: invertir un 10 por ciento del capital en letras del tesoro a corto plazo y el restante 90 por ciento en un fondo indexado al S&P 500 de bajo coste (sugiero uno de Vanguard). Creo que el resultado de esta estrategia será mejor que el que obtenga la mayoría de los inversores (ya sean fondos de pensiones, instituciones o individuos), los cuales pagan altas comisiones a sus gestores.[5113]

110. «2013 Annual Report», Berkshire Hathaway Inc., 28 de febrero de 2014, <https://www.berkshirehathaway.com/2013ar/2013ar.pdf>.

111. Warren Buffett, «Letter to the shareholders», Berkshire Hathaway Inc., 1 de marzo de 1994, <https://www.berkshirehathaway.com/letters/1993.html>.

112. «Morning Session - 2002 Meeting», Warren Buffett Archive, CNBC, 4 de mayo de 2002, <https://buffett.cnbc.com/video/2002/05/04/morning-session---2002-berkshire-hathaway-annual-meeting.html>.

113. «2013 Annual Report», Berkshire Hathaway Inc., *op. cit.*

Anexo 2

Rentabilidad anual del S&P 500 (31/12/1999-31/12/2022)

Fecha	Tipo de cambio €/$	Año	Rentabilidad S&P 500 (en $ e incluyendo dividendos)
31/12/2022	1,07	2022	–18 %
31/12/2021	1,14	2021	29 %
31/12/2020	1,22	2020	18 %
31/12/2019	1,12	2019	31 %
31/12/2018	1,15	2018	–4 %
31/12/2017	1,20	2017	22 %
31/12/2016	1,05	2016	12 %
31/12/2015	1,09	2015	1 %
31/12/2014	1,21	2014	14 %
31/12/2013	1,38	2013	32 %
31/12/2012	1,32	2012	16 %
31/12/2011	1,30	2011	2 %
31/12/2010	1,34	2010	15 %
31/12/2009	1,43	2009	26 %
31/12/2008	1,40	2008	–37 %
31/12/2007	1,46	2007	5 %
31/12/2006	1,32	2006	16 %
31/12/2005	1,18	2005	5 %
31/12/2004	1,36	2004	11 %
31/12/2003	1,26	2003	29 %
31/12/2002	1,05	2002	–22 %
31/12/2001	0,89	2001	–12 %
31/12/2000	0,94	2000	–9 %
31/12/1999	1,01	1999	-

Fuente: Elaboración propia a partir de Bloomberg.

Agradecimientos

En primer lugar, quiero agradecer a mi padre la motivación que me transmitió, sin la cual no habría escrito este libro; además, gracias a su influencia adquirí la independencia de criterio que tanto se necesita para invertir en bolsa con garantías de éxito.

También quiero dar las gracias a mi amiga Marta y al equipo de Grupo Planeta (especialmente a Carla), sin los cuales el resultado final de este proyecto no hubiera sido el que es; a mi amigo Álvaro, por la idea de la portada; a mi hermana, por el título y la sesión de fotos; y al resto de personas que, directa e indirectamente, han contribuido al desarrollo de este libro (aunque es injusto no mencionarles de forma individual, confío en que me perdonen; no es posible hacerlo sin olvidar a nadie, lo que sería todavía más injusto por mi parte).

Por último, estoy muy agradecido a todos los inversores de los que he tenido la suerte de aprender, por su generosidad a la hora de compartir sus conocimientos; en especial a Warren Buffett y Charlie Munger, por su enorme influencia, y a Guy Spier por su extraordinaria amabilidad a la hora de atenderme y de colaborar en *La bolsa a tu alcance.*

Bibliografía

«2013 Annual Report», Berkshire Hathaway, 28 de febrero de 2014, <https://www.berkshirehathaway.com/2013ar/2013ar.pdf>.

«2019 Annual Report», Berkshire Hathaway, 22 de febrero de 2020, <https://www.berkshirehathaway.com/2019ar/2019ar.pdf>.

«2020 Berkshire Hathaway Annual Meeting, part 1», Warren Buffett Archive, CNBC, 2 de mayo de 2020, <https://buffett.cnbc.com/video/2020/05/04/berkshire-hathaway-annual-meeting--may-02-2020.html>.

«A Conversation with Benjamin Graham», *Financial Analysis Journal*, 32, 5, (1976), pp. 20-23.

«Afternoon session - 1996 meeting», Warren Buffett Archive, CNBC, 23 de noviembre de 2018, <https://buffett.cnbc.com/video/1996/05/06/afternoon-session---1996-berkshire-hathaway-annual-meeting.html?&start=524&end=963>.

«Be patient and think long-term», Davis Funds, 31 de octubre de 2024, <https://davisfunds.com/education/wisdom/warren-buffett-1>.

«China e-commerce giants face their biggest test», Standard & Poor's Financial Services LLC, 9 de abril de 2024, <https://www.spglobal.com/ratings/en/research/articles/240409-china-e-commerce-giants-face-their-biggest-test-13046260>.

«Graham & Dodd's Annual Breakfast in 2022. Guest Speaker: Todd

Combs, Moderator: Michael Mauboussin», Investment Management Insights, 4 de noviembre de 2022.

«Intelligence, energy & integrity!!» (vídeo), YouTube, 20 de febrero de 2021, <https://www.youtube.com/watch?v=wlI3RvM33Ds>.

«How we think about cash», Akre Capital Management, 11 de abril de 2024, <https://www.akrecapital.com/how-we-think-about-cash/>.

«Li Lu: Know what you don't know», *Graham & Doddsville. An investment newsletter from the students of Columbia Business School*, 18 (2013), pp. 24-35, <https://assets-global.website-files.com/5ef3c7300432b40ed865991a/642e161699ad88498e9c681a_2013-03-28 %20Graham %20 %26 %20Doddsville %20Article_LL.pdf>.

«Morning Session - 2002 Meeting», Warren Buffett Archive, CNBC, 4 de mayo de 2002, <https://buffett.cnbc.com/video/2002/05/04/morning-session---2002-berkshire-hathaway-annual-meeting.html>.

«Oaktree's Howard Marks on China opportunities, Trump's cabinet, market sentiment» [vídeo], YouTube, 20 de noviembre de 2024, <https://youtu.be/zwBGAmyJ6yg>.

«Quarterly Report, september 2024», Berkshire Hathaway Energy - Financial Fillings, 2024, <https://www.brkenergy.com/investors/financial-filings>.

«SPIVA U.S. Scorecard Year-End 2022», S&P Dow Jones Indices, 2023, <https://www.spglobal.com/spdji/en/documents/spiva/spiva-us-year-end-2022.pdf>.

«Steve Jobs and Bill Gates Together at D5 Conference 2007» [vídeo], YouTube, 29 de marzo de 2013, <https://www.youtube.com/watch?v=wvhW8cp15tk>.

«S&P Global Buyback 2024», S&P Global, 2024, <https://www.spglobal.com/spdji/en/documents/additional-material/sp-500-buyback.xlsx>.

«The Mark Zuckerberg Interview» [pódcast], Acquired, 18 de septiembre de 2024.

«The Interview: From Amazon to Space - Jeff Bezos talks innovation, progress and what's next» [vídeo], YouTube, 5 de diciembre de 2024, <https://www.youtube.com/watch?v=s71nJQqzYRQ>.

«Walter & Edwin Schloss - Part 1», *Outstanding Investor Digest*, 6 de marzo de 1989.

«Warren Buffett on investment strategy: Full interview Fortune MPW» [vídeo], YouTube, 7 de octubre de 2014, <https://youtu.be/cSU3y0N60XU>.

«Warren Buffett», [vídeo], Charlie Rose, 14 de mayo de 2022, <https://charlierose.com/videos/31221>.

«What I've Learned From Warren Buffett & Charlie Munger w/ Chris Davis» [vídeo], YouTube, 29 de octubre de 2023, <https://www.youtube.com/watch?v=Oeo66H4lM-g>.

«World Economic Outlook Databases», Fondo Monetario Internacional, <https://www.imf.org/en/Publications/SPROLLs/world-economic-outlook-databases>.

Bary, Andrew, «What's wrong, Warren? Berkshire's down for the year, but don't count it out», *Barron's*, 27 de diciembre de 1999, <https://www.barrons.com/articles/SB945992010127068546>.

Bogle, J. C., *The Little Book of Common Sense Investing*, John Wiley & Sons, Inc, Estados Unidos, 2017.

Buffett, Warren, «Berkshire — Past, present and future», Berkshire Hathaway, 27 de febrero de 2015, <https://www.berkshirehathaway.com/SpecialLetters/WEB %20past %20present %20future %202014.pdf>.

—, «Letter to the shareholders», Berkshire Hathaway, 27 de febrero de 1987, <https://www.berkshirehathaway.com/letters/1986.html>.

—, «Letter to the shareholders», Berkshire Hathaway, 28 de febrero de 1989, <https://www.berkshirehathaway.com/letters/1988.html>.

—, «Letter to the shareholders», Berkshire Hathaway, 1 de marzo de 1994, <https://www.berkshirehathaway.com/letters/1993.html>.

—, «Letter to the shareholders», Berkshire Hathaway, 1 de marzo de 1999, <https://www.berkshirehathaway.com/letters/1998pdf.pdf>.

—, «Letter to the shareholders», Berkshire Hathaway, 28 de febrero de 2001, <https://www.berkshirehathaway.com/letters/2000pdf.pdf>.

—, «Letter to the shareholders», Berkshire Hathaway, 28 de febrero de 2005, <https://www.berkshirehathaway.com/letters/2004ltr.pdf>.

—, «Letter to the shareholders», Berkshire Hathaway, 28 de febrero de 2014, <https://www.berkshirehathaway.com/letters/2013ltr.pdf>.

—, «Letter to the shareholders», Berkshire Hathaway, 25 de febrero de 2017, <https://www.berkshirehathaway.com/letters/2016ltr.pdf>.

—, «Letter to the shareholders», Berkshire Hathaway, 23 de febrero de 2019, <https://www.berkshirehathaway.com/letters/2018ltr.pdf>.

—, «Letter to the shareholders», Berkshire Hathaway, 25 de febrero de 2023, <https://www.berkshirehathaway.com/letters/2022ltr.pdf>.

—, «Letter to the shareholders», Berkshire Hathaway, 24 de febrero de 2024, <https://www.berkshirehathaway.com/letters/2023ltr.pdf>.

—, «Letter to the shareholders», Berkshire Hathaway, 22 de febrero de 2025, <https://www.berkshirehathaway.com/letters/2024ltr.pdf>.

Cantazaro, Mark, «How Does Compound Interest Work?», Federal Reserve Bank of St. Louis, 12 de septiembre de 2018, <https://www.stlouisfed.org/open-vault/2018/september/how-compound-interest-works>.

Chatterjee, Saikat; y Adinarayan, Thyagaraju, «Buy, sell, repeat! No room for "hold" in whipsawing markets», Reuters, 3 de agosto de 2020, <https://www.reuters.com/article/markets/stocks/buy-sell-repeat-no-room-for-hold-in-whipsawing-markets-idUSKBN24Z101/#:~:text=There %20are %20different %20ways %20of,just %20after %20the %202008 %20crisis>.

Damodaran, Aswath, «Historical returns on stocks, bonds and bills: 1928-2024», blog personal, enero de 2025, <https://pages.stern.nyu.edu/~adamodar/New_Home_Page/datafile/histretSP.html>.

Fisher, Philip A., *Common Stocks and Uncommon Profits and Other Writings*, John Wiley & Sons, Estados Unidos, 1957.

Graham, Benjamin, *El inversor inteligente*, Deusto, Barcelona, 2022.

Graham, Benjamin; y Dodd, David, *Security Analysis*, Deusto, Barcelona, 2023.

Green, William, *Más ricos, más sabios, más felices. Cómo los mejores inversores del mundo ganan en los mercados y en la vida*, Valor Editions de España, Barcelona, 2022.

Greenblatt, Joel, *Tú puedes ser un genio de la bolsa. Aunque seas un novato*, Profit Editorial, Barcelona, 2021.

Greenwald, Bruce, *et al.*, *Invertir en valor. De Graham a Buffett y más allá*, Valor Editions de España, Barcelona, 2017.

Housel, Morgan, *La psicología del dinero. Cómo piensan los ricos: 18 lecciones sobre riqueza y felicidad*, Booket, Barcelona, 2025.

Isaacson, Walter, *Benjamin Franklin: an American life*, Simon & Schuster Paperbacks, Estados Unidos, 2003.

Isaacson, Walter, *Steve Jobs. La biografía*, Debolsillo, Barcelona, 2013.

Kaufman, Peter, *Poor Charlie's Almanack: The Wit and Wisdom of Charles T. Munger*, PCA Publications, Estados Unidos, 2006.

Kemp, Simon, «Digital 2022: July global statshot report», DataReportal, 21 de julio de 2022, <https://datareportal.com/reports/digital-2022-july-global-statshot>.

Kiriluk-Hill, Renée, «Auto insurance. Race to the top», *Best's News. Insurance Industry Headlines from A. M. Best*, octubre de 2019, <https://news.ambest.com/articlecontent.aspx?refnum=289808>.

Langis, Brian, «Li Lu's talk at Columbia 2006», blog personal, 1 marzo de 2018, <https://brianlangis.wordpress.com/wp-content/uploads/2018/03/li-lus-talk-at-columbia-2006.pdf>.

Lu, Li, «The prospect of value investing in China. Li Lu's Lecture on Value Investing at Peking University», 23 de octubre de 2015.

Lynch, Peter, *Batiendo a Wall Street*, Deusto, Barcelona, 2017.

Munger, Charles, «Letter to the shareholders», Berkshire Hathaway, 28 de febrero de 2005, <https://www.berkshirehathaway.com/letters/2004ltr.pdf>.

Pabrai, Mohnish, *El inversor dhandho*, Deusto, Barcelona, 2019.

Siddiquee, Mohammad, *Mungerisms: Transcripts of the Daily Journal Corp. (DJCO) Annual Shareholders Meetings*, 2015-2022, Estados Unidos, 2022.

Sleep, Nick; y Zakaria, Qais, «The full collection of the Nomad Investment Partnership letters to partners, 2001-2014», 2021, <https://igyfoundation.org.uk/wp-content/uploads/2021/03/Full_Collection_Nomad_Letters_.pdf>.

Spier, Guy, *La educación de un inversor en valor: mi viaje de transformación en busca de la riqueza, la sabiduría y la iluminación*, Deusto, Barcelona, 2018.

Thorndike, William, *Los outsiders. Ocho CEOs no convencionales y su modelo radicalmente racional para el éxito*, Valor Editions de España, Barcelona, 2022.

Welling, Kathryn M., «The right stuff - Why Walter Schloss is such a great investor», *Barron's National Business and Financial Weekly*, 15 de febrero de 1985, <https://valuehunter.wordpress.com/wp-content/uploads/2009/05/14136584-walter-schloss-barrons-19851.pdf>.

Whitman, Martin J., y Diz, Fernando, *Modern Security Analysis*, John Wiley & Sons, Inc, Estados Unidos, 2013.

Zillman, Claire; y Murray, Alan, «One of Warren Buffett's most famous sayings is about to come true», *Fortune*, 3 de octubre de 2022, <https://fortune.com/2022/10/03/warren-buffett-famous-quotes-swimming-naked-interest-rates-debt-zombies/>.